戦場が培った非戦

イラク「人質」渡邉修孝のたたかい

Watanabe Nobutaka
渡邉修孝

社会批評社

目次

第2章　ビルマ・カレン民族解放軍……67

第3章　新右翼一水会……127

第4章　レバノン――パレスチナ

プロローグ

●自己批判の書

人間は、本来、何かしら人には言えないことを背負っている。それは、大切な人を傷つけたくないことであったり、あるいは自分の恥になることであったりだ。私の場合は、今まで自分の保身のために隠していたことがあった。決して、人に自慢できるようなことではない。むしろ、責められて然るべきことだ。

この書では、それをなるべく自分が体験した事実に沿って書き出している。だから、私の知らないことまで書くことは出来ない。そのなかでは、今でもずっと交流のある人や大切な友人、知人のことについても触れる箇所がある。そこでは、個人のプライバシーを考慮して最小限の表現にとどめている。しかし、それ以外は、事実を確認できる情報として書き出しているに過ぎない。つまり、清算した人間関係もあるということだ。

これは、あくまで偽らざる私自身の総括である。しかし、「自己批判」と言えるものかどうか自分でも疑問だ。これまでも、よくそんな言葉を耳にしたが「自己批判」をいくら文章に書いたり、言葉で発しても、それだけで「自己批判ができた」などと思うと、また再度、同じような過ちを犯してしまう。なぜならそれは、ものごとの現象しか捉えられないで全体を把握したような気になってしまうからだ。少なくとも、自分の本質を問われているのであれば、批判される出来事が起こる原因とは何であるのか、考えるべきだ。が、「自己」ばかりに気をとられて、つい今しがた自分の行ったことだけを反省したところで何も解決しないのだ。だからといって、生身の人間はそう簡単に自らを分析することが出来ない。普段からよほど訓練を積んでおかないと難しい。かく言う、私自身もよく間違いをするのだ。

それでも、「間違いが無くては、人は進歩できない」と世間で言われている。これを「開き直り」と見るだろうか。たとえ人間がいくら成長したからといっても、必ず何かしら間違いを犯すものだ。これは、私たちの社会にも言える。人間の社会が大昔からずっと築き上げてきた歴史のなかでは、現在に至るまで常に争いごとが尽きることは無かった。この地球上では、必ずどこかで戦争や犯罪が行われている。

「戦争は人を殺すことであり、人を殺すことは大罪である」とはキリスト教者、内村鑑三が説いた言葉だ。私は、特定の宗教に関わっていないが、この言葉は人間の歴史が繰り返し犯してきた批判点を鋭く突いていると思う。「人殺しをしてはならない」とは、神に言われるまでも無い。これこそまさに、人間が自らに課さなければならない戒めなのだ。これは、誰もが考えるような至極、当たり前のことである。それでも、愚かな人間たちは私有する物品・財産を手に入れると、それを守るため他人のそれを奪うために、暴力で相手を打ち負かすことを考えてしまう。抵抗力を徹底して潰す暴力は、ついに相手の命まで奪うことになる。

哲学者や思想家は、人間のこの「戦争」という争いごとを無くすために、いろいろな制度や主義を考え出した。その考え方を実行に移した結果どうであったのか。確かに優れた考え方には、人を惹きつけるだけの素晴しさがあるだろう。だが、それを実行に移すのも人間なのだ。人間は、「プログラムどおりには動かない機械」である。

人間は一人では生きていけない。集団で生活し、社会を構成していく上では最低限の認識として、「他者を思いやること」が求められる。それが無くては社会は争いが起きて分裂してしまう。誰でも理解できることだ。しかし、戦争は、狭い社会性の利益追求・独占によって引き起こされてしまう。狭い社会性を持った集団が、他の集団を力で捻じ伏せ、支配するところに抑圧と搾取が生じる。

こういう基本的なことは、おそらく多くの人がすでに分かりきっていることだと思う。それでも、私などは、このような理解に至るまでずいぶんと紆余曲折してきた。たくさんの書物を読んでいれば、おそらくそのような遠回りをしなくても良かったであろう。残念なことに、そういう環境に育ってこなかった私は、実際の体験を通して、人間の過ちを辿って来なくてはならなかった。私が現在の心境に至るまでの道筋は、非常に特異なものかも知れない。批判的に読まれる人がいても構わないと思う。本書に記した在りのままの私を読んでいただければ幸いである。

私がこの過去の経験と現在の総括を書こう考えたのは、何も最近のことではない。今から一〇年以上も前、右翼団体を辞めた直後に最初の自己批判と総括として、『Wの告白』というパンフレットを発行したことがある。ところが、これはまだ不十分な総括で肝心な問題を書き落としていた。その頃の私は、「天皇主義右翼を辞めて、それを批判する」ことだけにかかずらっていた。しかも、それをもって社会的な免罪符を得ようとしていたのだ。そのため、単に右から左へと「舟を乗り換える」だけで、自分の都合の悪いことは書けなかった。これでは総括として意味がない。その後、様々な関わりのなかで反省する点もあった。しかし、今まで普通に生活していく上では、とくにそれを公表する必要性などなかった。

それがイラク「人質」事件以後、様々な筋から私の過去についての情報が流れたのは致し方ないにしても、過去に私と関わった人々が、それぞれ断片的記憶のなかから、私に対する固定観念を述べているのは見過ごせない。そこには、彼らが過去の一時期から「切り抜き」した私の人格だけがリーズニングされるだけで、現在に至る私の考え方や環境の移り変わりが見えてこない。その理由からこの度、自ら己の過去を曝け出し、過去から現在に至るまでを総括するつもりでこの本を書くことにしたのだ。

●全国各地での人々との触れあい

私が日本に帰ってきてから、全国各地で「人質体験」や自衛官人権ホットラインの活動について話ができることは、本当に自分自身にも良い勉強になっている。何しろ、あのような事件に巻き込まれるまでは、人前で話をするようなことなど、せいぜい街頭でのアジ演説くらいのものだったからだ。人が話を聞いていようがいまいが、自分の言いたいことだけを喋っていた。しかし今は、聴衆に聞いてもらえるように考えて、話の流れを組み立て話すことが出来るようになった。これは、こういう講演の経験を積んで得られた成果である。話を聞く人の身になって話す。これは、大衆運動に関わる自分にとって、基本中の基本である。改めて学ばさせてもらった。

また、東京で普段会う人たちとは違った運動現場にいる人たちとの交流も、私には良い刺激になる。とくに、労働組合関係の講演に呼ばれたときに思ったことは、ともすると私など、政治の観念論に流されがちな自衛隊内の問題であっても、それが労働現場ではまさに働く労働者の現実的な闘争とリンクして考えることが出来た。私も、自衛隊員を労働者の一員と考えて、営内や営外生活者の抱える様々な問題として捉える観点を得た。

あるいは、学校教育の現場で今、日の丸掲揚や「君が代」斉唱などの問題が議題に挙がっている。そんななか、高校三年生の就職志望に「自衛隊に入隊」を考えている生徒がいるということだ。だが、こういうことよりも、その生徒たちの志望理由が考えさせられる。八〇年代に入隊した私の頃、自衛隊入隊者は確かに現在より多かったと思う。ところがその志望理由は、大型特殊車両の免許を取ることや、調理師の資格を受けること、実家に仕送りをするためといった内容が多かった。それが今や、「特別手当をもらって海外に行けること、武器を扱って実弾が撃てること」などである。また、公立の学校でも毎年、恒常的に地連の募集係が入隊斡旋に来訪するらしい。この意識の変化は、「国旗・国歌」問題とまったく関係ないとは言えない。もはや、日本人全体が戦争被害の現実感覚を喪失して久しい現れだろう。

そのような環境でも、問題意識のある中高校生や大学生は、戦争という「人道上の罪」に対して、危機感を抱くのだろう。私の話を熱心に聴きに来てくれることも少なくない。ただ、そこで気になったことがある。女子たちは、戦争に嫌悪感を抱き、犠牲になった人々に深い悲しみを示す。それが男子になると、確かに戦争の問題を考えるのだが、その他に私がイラクで自衛隊監視の行動を行い、情勢不安定な場所に行ったこと自体に興味を抱くのだ。この辺で女子と男子に違いが見られた。

私自身も十代の頃に、ボランティアやレスキュー活動に興味を持った経験がある。少年たちの気持ちもよく分かる。だが、何もそれはイラク民衆だけが必要としていることでもない。もっと視野を広く持てば、ボランティアを必要とする場所はいくらでもあるのだ。

また、それとは別に自衛隊入隊を志す少年たちの気持ちも、私は察することが出来る。そして、自衛隊は、希望さえすれば入隊条件にあう者なら誰でも入隊できる。募集係がいつでも自宅まで来て、懇切丁寧に入隊事項を説明するだろう。だが、社会人として、まだ学校以外の場所で集団生活の経験がない青年たちにとっては、厳しい場所になることは間違いない。体力的な訓練は然ることながら、人間の個性を重視する学校教育とは逆のベクトルで集団生活に順応することが要求される。

そこでたいていの者は、最初の二〜三年で「飼い慣らされる」か、「個性を選ぶ」かに振り分けられる。それによって、「飼い慣らされた」隊員たちは後から来た新参者や、「個性を選ぶ」隊員を本能的、あるいは作為的に排除しようとしていじめが起こるのだ。一般社会でも、こういうケースは何度も見てきたが、とくに自衛隊内では人間関係が凝縮されている分、精神的に辛いものがあるだろう。

●人らしく生きる世の中を

私は、ずいぶん以前に戦場を訪れたことがあった。もちろん、イラクではない。そこでも侵略され、抑圧された民衆が抵抗の銃を取って闘っていた。そして、私も自らの意志で銃を取った。

義勇兵という無給の兵士は、ある意味使い捨ての駒同然だった。当時の私は、それでも自分ひとりが義勇兵に参加することで味方の兵士一人分の命を補えれば、それで良いと割り切っていたのだ。

そんな刹那的な想いで参加した戦場から、一五年以上も時を経た今日、私は、イラクやその他の国々で闘う無数の抵抗者たちの生活を忘れない。彼らの抵抗の理由など、今さら述べる必要もないほど歴史の黙示録がそれを語っている。今、考えるべきことは、如何にしたら人が人らしく生きられる世の中を創れるかであろう。

歴史上数多くの哲学者や宗教家たちが、そのための「理想論」を提示してきた。しかし、未だに誰もそれを実現した者はいない。「理想論」を現実に当てはめ、実行しようとすること自体が間違いなのだ。所詮は言葉だけで終わる。人は、「正義」を掲げた時点ですでに墜落している。そのようなものは、一瞬、普遍的に見えるだけで、次の瞬間にはもう別の「正義」が立ち上がっている。「正義」など、人の数だけ存在するのだ。だから人は争うのだと思う。論争然り、身内同士の権力闘争然り、誰でも常に自分の正しさを主張する。

私は、己のなかに潜む「正義」に飲み込まれないよう、常に抵抗しようとしている。己の考え、行いを鏡に写る顔を見るが如く、常にそれを人前に晒すことによって自分を点検していこう。私に出来ることは、ただ確実な一歩を踏み出すのみである。善かれ悪かれ、大衆の目こそ己の人民性を得る糧となる。

第1章　陸上自衛隊第一空挺団

陸上自衛隊第1空挺団正門（千葉県習志野市）

●我が故郷・足利

私の生まれた栃木県足利市は、古くは織物が盛んな街で繊維産業が発達していた。市街地から見える小高い山に、赤い社の織姫神社がある。この神社は昭和の初めの頃、繊維産業の発展を期して作られた鉄筋コンクリート製の建築物である。しかし、現在は繊維産業もめっきり衰退し、氏子もほとんどいなくなってしまったこの神社は、足利市の産業遺跡のひとつとなってしまっている。

私の実家は、祖父の代には仕立て屋として洋服店を営んでいた。それも、二〇数年ほど前から大手紳士服の量販店におされて注文が減ってしまった。そこで、父は縫製業に転業すると他の大手被服産業から既製品作りの依頼を受ける、下請け業を営むことになったのである。

実家の近所では、幼い頃によく友だちと遊んだ。遊び場は、もっぱら近くの小学校やばんな寺というお寺。そのお寺を近所の人たちは、「大日様」と呼んで地域の年中祭事で親しんでいる。そこにはちょっと広い庭園がある。大人の腰までのこんもりとした植え込みがある、丘のような一角だ。その丘全体が、私と友だちの秘密基地であった。基地の入り口は、子供の目線から見たら「大人の気付かない子供の世界」の扉だ。植え込みの根元から開いた小さな空間がトンネル状になって、奥に入ると少し開けた空間がぽっかり空いている。まるで、そこが外界から隔絶された子供だけの〝秘密基地〟といえる場所だった。私たちは、そこにオモチャの鉄砲や漫画本、さらに爆竹までも隠していた。そんな子供の隠れ家も、私たちが小学校を卒業する頃には完全に忘れられてしまった。

また、足利市街地から、いちばん高く見える両崖山という山がある。ここは戦国時代は、武将の山城のあった場所と言われている。しかし今は、その面影もまったく残っていない。私は、小学校の頃からよくこの山に登っていた。というのも、私がまだ小さい頃、今年で九一歳になる祖母から聞かされた話が影響したのだと思う。祖母も若い頃はよくこの山道を歩いたそうだ。それで、この山道のエピソードなど聞いていたので興味があったのだ。

さて、その山並みから北に抜ける細い山道を行くと、さらに深い山地部に入っていくことが出来る。織姫山から登り始めて、約一五キロ〜二〇キロほどの距離だ。私は、自衛隊を辞めた直後に暇があると、このコースを駆け足で往復したものだ。

私は、中学校の部活動では、バスケット部に所属していた。ところが、あまり練習熱心な方ではなく、よく部活をさぼり、日帰り登山などをしては独りの時間を楽しむということが多かったような気がする。足腰の筋力は部活動と並行して、小さい頃から長距離を歩くことで身に付いたのだと思う。中学校時代、たまに友人からゲームセンターに誘われてついて行くこともあったが、小遣いもあまり持っていなかったので、こういう山登りなどのなるべく金のかからないことで楽しんでいたのだろう。

この頃から私は、「自分があまり勉強が好きではないらしい」ということを自覚し始める。しかし、自分に興味のあることに関しては、積極的に本を読んでいた。学校の近くにある県立図書館は、夏休みになると結構通ったものである。そこで主に読んだのは、やはり少年時代なら誰でもありがちなＳＦ小説や宇宙科学に関する本。そういえばアニメにも興味を持っていた。松本零士の作品は映画館で全部観た。その他に読んだ本は歴史もの。古代の戦史とか美術に関する本で、イラストや写真解説付が楽しくて好んで読んでいた。

●日航機墜落事故で自衛隊入隊

高校生になると美術部に入って、好きなイラストを描きまくったものだ。中学時代に学習ノートにびっしりと描いていたラクガキ・スケッチも、高校の美術部ではスケッチブックに好きなだけ描きこめることが嬉しかった。一度、私は自分の書いた漫画のネタ本（イメージ・ボード）を担任の教師に見せたことがある。すると彼は、その本を「二〜三日貸してくれ」と言ってもって行ってしまった。三日後には返してくれたのだが、彼はそのネタ本を教職員室で他の教師たちに見せたらしい。あとで歴史の教師が、私にそのネタ本を見た感想を話してくれた。

「お前は、三里塚って知っているのか」

「はぁ、何ですかそれ」

何のことか分からず聞き返す私に、その教師は「お前の漫画のストーリーを見て、何だかむかしの学生運動のことを思い出してな」と言うのだ。私には、初めて聞く話だった。その漫画のストーリーとは、時代劇ものの映画『七人の侍』をもとにして描いただけである。そんなふうに思う世代の教師だった。

また、その頃の私の趣味は、漫画やイラストだけではなかった。一年生の夏休みになると、すぐにバイクの免許を取って親に内緒で中古のバイクを買ってしまった。だから、ガソリン代を稼ぐためにアルバイトを始めた。休みになれば、友人たちとよく隣の県までバイクを走らせたのものだ。ところがある日、そこで「ノーヘル」と「スピード違反」でオマワリに捕まった。これが私にとって初めての逮捕歴となる。身柄引き受けで父親が警察署まで呼び出され、散々叱られた。そのときは罰金だけで済んだのでたいしたこともなかったが、警察に深々と頭をさげて誤る父を見ていると、私も内心、呵責の念に捉われた。

そういえば、高校の頃の友人が何人かバイクの事故で亡くなっている。週明けに学校に来てみると、つい先週まで元気に「バカ話」をしていた奴の机に、花瓶が立っている。こんなことが三年間のうちに何度かあると、なんとなく「人間の人生なんてあっけないものだ」と思ってしまう。その頃、全国的にも少年のバイク事故の死傷者件数の多さが問題にされたときだった。いつの頃からか私は、「一生に一度の人生で、一瞬でもいいから何か自分が生きている実感を持ちたい」と考えるようになっていった。

そんな高校三年の夏に、長野県で日航機墜落事故が起きた。私は、家族と一緒に夕飯を食べながら、自衛隊員が救助作業に奔走する姿をテレビのブラウン管から知った。私の家族は、自営業の縫製店なので、両親と祖父が共働きだった。だから、一家全員がそろって団欒を囲むというのは、夕食時にテレビを観ているときくらいしかなかった。というか、共働きの親たちがテレビを観れる時間帯は、家族団欒の飯どきくらいしかなかったのである。だから、友だちの家では食事どきに子供がテレビを観ていると親から叱られたらしいのだが、私の家ではテレビを観ながら飯を食べることなど当たり前だった。

そんな訳だから、日航機墜落事故のニュースを観ているときですら、モグモグと口を動かしつつ、世の中の出来事について家族と話をしていた。このとき私は、ニュースを観ながら、それまで自衛隊は大人たちの言うような「税金泥棒」などではなくて、「ちゃんと人助けをしているではないか」とさえ思ったものである。そして、これが後に自衛隊に入隊するきっかけになっていくのだ。

高校では、工業部の工業化学科にいたので、男子ばかりのクラスだった。みんなは当たり前のように、進学などする気のない連中ばかりだ。そんな連中が卒業間近になると、それぞれ就職口を探しまくるのである。たいていの者は、近県の工場かサービス産業へ勤める場合が多かった。

でも、私は違っていた。私の場合は、なぜか他者と同じ道を歩んで、平穏を成就する生活は考えられなかったのだ。だからなのだろう。私は、自分の人生を試すような仕事として、自衛隊への入隊を選んだのである。

だからといって、一生自衛隊などに勤める気はなかった。最初の頃、私は自衛隊を退職した後には、絶対にアニメーターになろうと思っていた。たぶん、あの頃の私は、これという明確な将来の目標が定まっていなかったのだと思う。それでも両親は、「若いうちは自分のやりたいことをやれば良い」と言って認めてくれた。そんな両親も初めからそうではなかったのだ。

私の父は、立正佼成会という宗教法人に所属している在家信者である。この団体は、世界平和のために布教活動をしている宗教団体だ。当然私の父も、当初、自衛隊入隊に反対した。しかし、当の本人が自ら、自衛隊地方連絡部に願書をもらいに行ってしまったのだ。最初は驚いた両親や周囲の人々にも、入隊の意志の固さと一生自衛隊に勤めるわけではない旨を説明すると、「二年間くらいなら社会修行のつもりで行って来い」というふうに納得させてしまったのだ。「多少なりとも、まともな社会人になって地元に戻って来ればいい」という妥協もあったのだろう。その頃の地元は現在と違って、まだまだいくらでも就職口があった。だから進路選択にも、意外と余裕が感じられたのである。

足利も、当時は比較的まだ活気が残っていた。今のように、まるで人口過疎になってしまった街とは大違いだった。この街では、戦前から続く産業は、七〇年代までそれなりに盛んだった。

大きな繊維工場やそれに付随する大小さまざまな企業・商店が軒を並べていた。だが現在では、市の人口は、一六万人弱と昔と比べると少ししか減っていないにもかかわらず、市中心部から周辺の新興住宅地に住民が移って行った。今では旧市街と言われる中心部となると、昔のにぎやかさの面影はまったく残っていない。繊維産業が衰退して、東京や他の地域への勤務者が増え、街としては観光に依存しなくてはならなくなっている。

こうして私は、一九八七年に地元の栃木県宇都宮市にある、陸上自衛隊第一二特科連隊に前期教育のため入隊したのだ。

●自衛隊の新兵教育

宇都宮駐屯地での前期教育は、全員が三月入隊の新卒者で同級生ばかりだった。今思えば、まるで高校生活の延長のような感じだった。唯一の例外が一人いて、再入隊の隊員だった。歳は二五歳くらいだっただろうか。私たち一八歳の新卒者から見たら、ずいぶんと「おじさん」に見えたものだ。

陸上自衛隊の新隊員前期教育は三カ月間だ。そこでは、これまでの惰性に流れていた高校生活とは違って、いちいち細かいところまで班長や副班長（いずれも陸曹）、そして班付（陸士）から指図される。「ベッドメイキング」という毛布やシーツの敷き方・たたみ方から、アイロン掛け、室内掃除、靴の磨き方などなど。シャバ（民間）で生活していた頃にはどうでもよかったことまで、「規格」通りにやらなくてはならない。

そして、その上に訓練があるのだ。前期訓練には、主に基礎体力を身に付けることを目標にした体力検定、基本教練、射撃訓練、座学（服務・精神教育など）がある。シャバでもよく「キツイでしょう？」と聞かれるが、三・四月入隊の高校卒業して入隊した若い新兵たちにとっては、学校の部活動の感覚で何とか乗り切ってしまう。

前期教育は比較的甘いものだが、毎週一五〇〇メートルは全力で駆け足しなければならない。体力検定は高校の体育の授業のようでもあるが、自衛隊では六級から一級までランクを分けられて、最低でも五級以上にならなければ前期教育の終了条件を満たされないのだ。しかし、必ずひとりはいるのだが、私の区隊（教育隊内の区分け単位）にもすごい肥満体の奴がいて、彼はなかなか五級に達しない。そこでしょうがないので、班長の特別メニューで何とかすることにした。それは彼のもっとも不得手な懸垂で、同じ班の隊員たち五人係りで肥満体の彼を下から持ち上げるというものだ。何とか三回までこなしたところで、「持ち上げ要員」の方がダウンしてしまった。それでも、何とか五級にまで滑り込ませることが出来たのだ。

班長はそのとき、「みんなが団結すれば不可能なことはない！」とか言っていた。ただ単にチョンボしただけなのに、なぜか班員みんながそのときの「達成感」に感動したのだった。私も、この頃は純朴な新兵だったので、「そうか、みんなで協力して誤魔化せば通用するものなんだ！」と、妙に感心してしまっていた。こういうことを含めて、一事が万事、自衛隊の組織では、「連帯責任」という名の元に、すべて処理されているということを後になって理解したのである。新兵たちの駐屯地内での移動は、すべて隊列を組んで教育係の班長（陸曹）が指揮して行進する。掛け声もよろしく、「いち、いち、いちにー。歩調ー数え！」という具合に行進する。隊員たちも「いちにーさんしー」と声を合わせる。そうやって日常生活から規律を植え込んでいくのだ。

●「芸者」を呼んで「社会科研修」

さて、前期教育隊としては異例のことだが、教育隊長の提案でなぜか情操教育の一環として社会科研修に行くことになった。この教育隊長は、警察予備隊時代から一般隊員で入隊した叩き上げの三等陸佐。この教育隊訓練を最後に定年を迎えるそうだ。だから何でもやりたいことをやっていた。

こういう社会科研修も、訓練の一環として駐屯地から必要経費で落としているらしい。どうしてこんな「研修」に行くことになったのかよく分からないが、どうもあまりにも休日に外出する新隊員たちが帰隊遅延（門限破り）を行うので、その対応策として考えたレクリエーションらしい。ぶちゃけると「慰安旅行」とでも言うべきだろう。

教育隊全員、朝早くから観光バスに乗り込んで駐屯地を出発。県内の観光名所に行って神社・仏閣を見学する。そこまではまだいい。その後の夕食がなぜか旅館に入って宴会となる。そこには凄い料理が並んで、ほとんど一八歳の新隊員ばかりなのに酒を飲んでのドンチャン騒ぎ。挙げ句に芸者さんが出てきて歌いだす。新隊員たちも芸者と一緒になってカラオケ・デュエット。ずいぶん場が盛り上がってきたところで、なんと芸者さんが太ももを露わにして、隊員たちの目の前を周りはじめた。するとみんなドドーと歓声を上げるではないか。

私も何事かと思っているうちに、とうとう自分の前に周ってきた芸者さんが、立ったまま着物のすそを捲り上げた。「あれっ、パンツはいてない！」。まるでカミナリにでも撃たれたように、凄いものを見た。童貞の私は、このとき初めて「大人の世界」を知ってしまったような気がした。ふと、上座の方に座っている隊長の方を見たら、「ガハハハハー」と大爆笑している。防衛大学校を出たての小隊長は、腕を組んで苦虫でも噛みつぶしたような顔をしている。すごい、これが自衛隊なのかと、そのときは素直に感心したものだった。

この日は、これでもちゃんと日帰り研修ということで消灯時間までには全員帰隊したのだが、これでは新隊員の気晴らしどころか逆に「蛇の生殺し」状態だ。こんな話を書くと、巷でよく「国民の税金を何だと思っているのか！」とお叱りを受けることがあるが、まったくもって「ごもっともでございます」と納得するしかない自衛隊の裏側であった。ともかく……なぜかその夜、教育隊のトイレは満室状態だった。

前期教育も終わりに近づくと、新兵たちの配属先を決めることになる。みなそれぞれ自分の行きたい職種部隊を希望するが、なかなか思うようなところに決まるとは限らない。そこで、第一希望と第二希望まで申請することが出来る。

しかし、私は何としても空挺団に入りたかったので、第一も第二も両方、空挺団配属希望と書いて出していた。私の場合、体力検定は二級だったが、筆記の適正試験は結構いい線いってしかも教育隊長の推薦もあったせいか、何とか習志野駐屯地の第一空挺団の後期教育に進むことが出来たのだ。

●第一空挺団へ配属

前期教育も終了し、憧れの「第一空挺団」に配属が決まったわけだが、すぐには空挺隊員として認められるわけではない。新隊員の私たちには、まだ後期教育という特技課程（職種）の訓練が三カ月間待っていた。そして、それが終わっても空挺教育隊に入校して一カ月の落下傘降下課程教育を終了しなければならないのだ。

当時の私にとっては、初めて見る「精鋭部隊」の駐屯地だ。前期教育を受けた宇都宮の特科連隊と比べると、すれ違う隊員たちの歩き方からして違って見えた。私は、少々びびりも入っていたのだが、訓練が始まってさらにその凄さを思い知ったのである。

まず、後期教育隊では、着隊した翌日からランニングが始まった。それも、いきなり駐屯地の外周を五周も走らされて私はいい加減にへばってしまったのだが、それでも班長は無理にでも走らせる。これには参った。もともと空挺を志願してくる新隊員たちは、体力に自信のある者ばかり。しかも彼らは、全国の駐屯地から選ばれて配属されてきている。私などは、彼らの基準に付いていこうとするだけで精一杯のありさまだ。隊列を組んで駆け足をすると、いつの間にか私は最後の方になってしまう。なんせ、駐屯地の外周を五〜八周くらい走るのは、当たり前の駆け足訓練なのだ。

さらに、職種訓練では一〇五ミリ榴弾砲の操方（操作）訓練を主に行うのだが、これも最初は覚えるのが難しい。何といってもただでさえ面倒な操作なのに、班長が耳元で怒鳴り散らし、ちょっとでも動作を間違うと持っている棒で叩かれる。これでは、せっかく覚えても気分が萎縮して出来るものも出来なくなってしまう。もたもたしていると、その場で腕立て伏せと屈み跳躍（スクワット）だ。しかも、失点を犯した当の本人だけではなく、班員みんながペナルティーとして罰を受けなくてはならない。自衛隊には「自己責任」などという観念がないので、すべて「連帯責任」だ。だから失点を食らった者は班員みんなに恨まれる。そこに、いじめが発生してもおかしくない環境だった。

私など、しょっちゅうぶっ叩かれていたので、たまに友人から無視されることもあったほどだ。私の自衛隊生活に抱いていた気持ちからして、単に「アルバイト気分」だったこともあり、何でこんなに厳しい訓練をしなくてはならないのか、と正直言って納得できなかった。自分で納得できないものを、一生懸命覚えたいなどとは思わないのが本音である。

また、ときどき「私物検査」というものも行われた。が、それ自体は口実で、実態は単なる持ち物「荒らし」だ。これは、課業時間中の新隊員たちが営内班を留守にしている間に、助教たちがこっそり、各自のロッカーやキャビネットの施錠を点検し、未施錠の場合は中身を全部窓の外にぶちまけてしまう。ベッドも、毛布のすその合わせ目をまるでお菓子のバームクーヘンの切り口のようにピッタリと畳んでいないと、これも不合格で窓の外に放り出されるのだ。

新隊員たちのなかには、課業が終わりクタクタに疲れて部屋に帰ってみると、自分の私物全部が窓の外という者さえいた。さらに、精神的にもしんどいのが時間との競争である。前日、どんなに服や靴が泥だらけになっても、翌朝の点呼までにはプレスのかかった綺麗な作業服と、ピカピカに磨いた靴を履いて出てこないといけないのだ。これが訓練中の新隊員では、みんなでアイロンや洗濯機を使いまわしたり、毎晩靴磨きもしなければならないので、その日の訓練が終わるとほとんど個人の時間がなくなってしまう。

このように、新隊員の営内生活は分単位だ。食堂に行くのも、風呂に行くのも、おのずと駆け足になってしまう。ところが、三カ月の後期教育も、終わりの頃になれば案外と慣れてしまうもので、訓練は厳しかったのだがそれなりにこなしていけるものだった。

●「荒鷲の巣」へ

後期教育隊を終了すると、各自それぞれの中隊に配属される。私は、特科（砲兵）大隊の本部中隊、測量班に配属された。だが、まだ教育訓練は終わっていない。各新隊員は、それぞれの配属部隊の申告を部隊長に済ませると、この後すぐに空挺教育隊に入校する。いわば、落下傘の「全寮制教習所」みたいなものだ。

ここで、基本降下課程教育という落下傘降下の訓練を一カ月間受けることになる。普通、シャバの感覚だと「一カ月なんて短いものじゃないか」と思われるかもしれない。が、この期間がムチャクチャな過密スケジュールになっている。この頃になると、建前ではなく本当に課業中の駐屯地内での移動は、「三歩以上は駆け足」になってしまっていた。

私は、第一九四期基本降下教育の隊員であり、その前の期では訓練生が体力増強訓練中に死亡している。心筋梗塞である。そんなことを助教から聞かされていたので「自分たちの期は、少しは甘くしてくれるかな」などと内心考えていたのだが、まったく予想に反してそれこそ鬼のような教官、助教たちが待ち構えていたのだ。

ちょうど、映画『フルメタルジャケット』の鬼軍曹みたいな教官もいるが、なかには温情のある教官もいた。とはいっても、訓練中は当然のように誰も甘い顔など見せない。教官・助教たちは、訓練生に対して「なるべく馴れ合わないように」心がけていた。これが前期・後期の新隊員教育とは決定的に違う点である。

私たち第一九四期訓練生は、全員が三、四月入隊者でみんな同じ階級だったのだが、他の月間の入隊者だと別の部隊から空挺に転属してきた隊員たちと一緒に空挺教育を受けることもある。そういう場合は階級が陸士だけではなく、陸曹であったり、幹部であったりもするが教育期間中は階級は関係なく、みんな訓練生として平等に扱われる。もちろん、教育内容に特別の差はない。ちなみに、これは空挺レンジャー課程でも同じことである。

訓練生たちは全部で七〇人くらいいたと思う。それを三区隊に分けて、責任者として訓練生の中から区隊長が選抜される。一個区隊の中でさらに班が三つに分けられる。班長は毎日、区隊長以外の訓練生が持ち回りで代わる。私も班長はやったが、要は点呼報告だけなのだ。とにかく、この訓練期間中は分単位で行動していくので、自分が何をやりたいとかそういう自主性が削り取られていく。むしろ、積極的に教官（上官）の指揮下に自ら入っていくという主体性を要求され、そうすることが「良い隊員」なのだと頭に刷り込まれていった。

私たち訓練生は、この頃になるとほぼ毎日、駐屯地の外周を一〇～一五周走らされた。毎回、隊列を組んで歩調を合わせながら掛け声を出して走る。「く～てい、らっかぁ～さん」、教官の掛け声に続いて、私たちも繰り返し声を出して走る。半長靴の足音が「ザッザッザッザッザッ」と多少威圧的に聞こえて来る。私など、走るたびに「今、何周目？ 今、何周目？」といった具合に、頭が朦朧とするなかで指折り数え、かろうじて気力を保っているようなものだった。凄いことに、空挺レンジャーになると二〇周は普通に走るのだ。

●何かがふっ切れる！

空挺教育隊の醍醐味は、やはり降下実技の訓練だ。だが、私の場合は、このとき初めて自分が高所恐怖症ということに気付かされた。それは跳び出し塔訓練であった。高さ一一メートルはある、やぐら状の飛行機の胴体を模した跳び台からジャンプで降りて、体に装着した命綱で支えられながら、ロープウェイのように離れた着地台まで滑車で運ばれるのだ。

そして、いざ開始というところで、みんなが次々と台から跳び出して行くなか、いよいよ私の番になった。だが、どうしても足がすくんで、飛び出すことが出来ない。下の地面を見てしまっているのだ。教官の話によると、人間が一番恐怖を感じる高さに設定されているという。「どうした！ 早く降りろー」。下では腰に手を当てながら、仁王立ちする教官が怒鳴っている。降下塔には監督役の助教が、「この命綱、絶対切れないから大丈夫だ」と言っている。だが、そう言っているところから、私の前の隊員が跳び出したときに彼の命綱が「ブチッ」と切れたのだ。幸い、命綱は二本あるうちの一本が切れただけだった。それを見た私は、石のように動かなくなってしまった。

助教も、「まあ、ときどきああいうこともあるさ。大丈夫だよ」と言うのだが、声に自信がない。教官は真っ赤な顔をしながら、「何やっとるかぁ、貴様。それで空挺に入れると思っているのか！」と、さらに声を張り上げて怒鳴り散らす。すると、もうひとり別の教官が跳び出し塔に上がって、穏やかな口調で私に話かけてきた。

「なんだ、そんなに命綱が心配か？　それなら自分で一動作ずつ確認しながら、ゆっくり降りていったら良いじゃないか」と助け舟を出してくれた。

これには訳がある。基本降下課程において跳び出し塔の「跳び」というのは、ひとつの大事な「精神的通過儀礼」の場なのだ。訓練生が飛び出すときには、言葉でならいくらでも罵声は浴びせるが、決して手や足は出さないことが指導側のルールになっている。それは跳び出し塔訓練が、空挺降下を志す者自らの意志でジャンプすることに価値を置く、いわば試練の場だからである。

だから、助教も私の尻を蹴っ飛ばしてでも、落とそうと思えば出来るのにそれをしなかった。

そして私は、その教官の言葉どおり、跳び出し塔の跳び台にしがみつきながら、ゆっくりと身を下ろし、最後に「ぴょん」と跳び出したのであった。それを実際にやってみると何ということはない。キンタマに食い込む張索（固定ベルト）が、妙に痛く感じるわりには思ったより安全だったので気持ちもすっきりしていた。

すると、着地台に着いた私に、先ほどまで塔の下で怒鳴っていた教官が寄って来た。私は、さらに怒鳴られるのかと思って身をすくめていたら、「どうだ、もう一回やるか？」とニッコリ微笑みながら言うではないか。私は、「えーまだやらせる気かよ！」と思ったが、なぜか素直に「はい、やります」などと元気よく返事をしてしまった。

「よーし、いいぞぉー」と珍しく教官が笑顔で応じるので、「こりゃあ、絶対やらなきゃいかんなー」と渋々と元の位置に戻る。

二度目の跳び出し塔は、まったく何の躊躇もなく跳ぶことが出来た。そして今になって思い起こせば、この時に私のなかで何かがふっ切れたような気がする。もしあのまま、跳び出すことが出来ずに訓練途中で辞めてしまっていたら、現在の私の人格はなかったであろうとさえ思うのだ。おそらくは今よりもかなり引っ込み思案になり、絶対に危ない場所には跳び出せない性格になっていたであろう。

●パラシュートの初降下

いよいよ、落下傘を着けるときが来た。といっても模擬傘である。習志野駐屯地の真ん中にデッカイ鉄塔が立っている。これは、降下塔といって高さ約八三メートルはある模擬降下訓練に使うものだ。自動車教習所で言えば、仮免試験のようなものであろう。この訓練は、訓練生が実際の落下傘と同じ装着器具を使って、模擬傘という実際よりひと回り小さい落下傘を背負う。そして、この傘ごと訓練生をワイヤーで吊るし上げる。そのままワイヤーをモーターで巻き上げ、傘が上がりきったところでワイヤーから切り離されるのだ。すると、落下傘が開いたまま、フワリフワリと無事に着地できる仕組みになっている。

ここまで来ると訓練生たちは、みんな興味津々になっている。なにしろ飛行機からではないにしても、本当にパラシュートで降りるのだ。約八三メートルの高さでは、地上の景色もまるで箱庭のように見えて遠近感を感じない。不思議と怖くないのだ。慣れてしまうと、これが遊園地のアトラクションのようで結構楽しめる。

空挺教育隊の間に、必ず五回は実際に習志野演習場の上空から降下する。当時、C－1輸送機からの降下は、各区隊ごとに行われた。しかし、落下傘降下であっても一〇〇%安全という訳ではない。高度約三〇〇メートル上空から跳び降り、わずか約四秒ほどで傘が開く。機内に固定した紐が隊員の背負った落下傘に結ばれて、飛び降りたとたんにその紐が引かれて、自動で傘が引っ張り出されて開くという仕組みになっているのだ。

この落下傘というものを例えると、巨大な糸の切れた凧である。空中の風向きや強さによっては、どこに流されるか分からない。もちろん、事前に降下地域の天候や風向きの情報を読んで、それによって訓練に適しているかどうかを教官たちが判断している。しかし、いくら用心しても気象的にはいつ突風が吹くか分からないものだ。

以前、空挺団で行われる毎年正月恒例の「降下初め」のときに降りた隊員のひとりは、突風に流され、演習場外の民家の屋根に落ちて大怪我をしたことがあった。そのようなこともあるので実際降下ともなれば、訓練生たちも事故に巻き込まれる危険性からは逃れられない。

「これから、お前たち訓練生に便箋を配る。明日の訓練で、もしものことがあった場合に家族に郵送するから書いとけ」

教官はそう言い終わると、訓練生たちに封筒と便箋を配る。翌日は、初めての実機からの降下である。万が一のことを配慮して、「遺言」を書かせるというのだ。

「まあ、今までの訓練どおりにやっておれば、絶対に怪我などしない。洒落のつもりで書けばいい」

などと前言を緩和するような言い方に、訓練生たちからも、どっと笑い声が起こる。だが、私も含め、みんな内心はかなり緊張している。便箋に向かってペンを握る背中がそれを物語っていた。訓練生の中には、「ええいっ。あれこれ考えていてもしょうがない」と、わずか一行ほどの短い手紙で終わる者もいれば、消灯時間ぎりぎりまで悩みながら手紙を書いて、助教から注意を受ける者もいた。助教はそれでも、いつものように大声で怒鳴ったりはしない。

「明日の朝は早いから、もう寝ろ」。一言、ぶっきら棒にそう言うと、踵を返して教官室へ戻っていった。

消灯ラッパが聞こえる。明かりの消えた居室のなかでは、ベッドからベッドへと、ボソボソとあちらこちらで囁く声が聞こえていたが、それもいつの間にか何も聞こえなくなっていた。

そして、いよいよ訓練生たちは初降下の日を迎えた。早朝に訓練生全員が教育隊の庭に集合し、降下挺団ごとにトラックへ乗車していく。この挺団がそのままC－1輸送機に乗り込む単位になる。これから訓練生たちは、習志野駐屯地を出発してC－1輸送機の離陸する千葉県木更津の航空自衛隊滑走路まで向かうのだ。途中、幌で覆われたトラックの荷台では、訓練生たちが糧食班から配給されたコッペパンとパック入り牛乳で簡単な朝食をとる。早朝出発なので食堂に行けなかった代わりだ。ついでに、昼食用のレトルトパックに入ったドライカレー飯も携行している。私は、これを懐に入れるとまだ温かいのでカイロ代わりにしていた。みんなは、ただ黙ってモゾモゾとコッペパンを頬張っていた。食べ終わると、無言のまま腕組して瞑目している者、タバコをせわしなく吸う者と様々だ。交わす言葉は数少なく、みんな緊張している。

木更津飛行場に着くと、すでに先に到着した教官たちが準備している。彼らは、私たちが落下傘を装着し終える頃になると、一人ひとりの装備を手で引っ張ったり、叩いたりしながら念入りに直してくれた。

「全員、こっちに集合」

その方向を見ると、撮影用のカメラが三脚で用意されている。「何だ」と思っていると、記念撮影らしい。それも、訓練生一人ずつ撮るのだ。

「時間がないから早くしろ」、そう言うと、教官はカメラ前の立ち、被写体となる訓練生に位置や目線など細かく指示していた。

「いいかぁー、これがお前たちの桧舞台だと思ってしっかり写れよ」などと言っている。

「こうやってな、親指を立てて挨拶をするのがアメリカ式なんだ。出撃して無事に帰って来るぞ！　という意味なんだ」

教官は、「グッジョブ・サイン」を私たちに教えてくれた。

私も、撮影してもらうときにこのポーズを決めながら、C－1輸送機を背に一枚撮ってもらった。現像されたものを見たが、この時代に何故か白黒だ。どうしてカラーではないのかと後で先輩隊員に尋ねたことがある。すると、「もしも殉職した時に、その写真を遺書と一緒に家族の元へ送るためだよ。白黒の方が雰囲気が出るだろ！」とのことだ。なるほどと思ったものだ。

空気の流れる振動を感じながら、訓練生が輸送機内に縦四列、それぞれ向かい合って座っている。機内はさすがに軍用だけあって素っ気無く、各種計器類や配線、支柱などがむき出しになっている。機内に乗り込む前まで予想していた乗り物酔いも、緊張のためかそれほど感じない。体中にアドレナリンが回っているような、まさに「地に足が着いていない」感覚になっていた。気圧が下がるせいか耳鳴りがする。

「ビィィィィィー」

眼を覚ますようなブザーが鳴り響く。

「総員、立てー」

号令と一緒に立ち上がり、機体の後部ドアに向かって並ぶ。

張索のナスカンを機内のワイヤーに引っ掛ける。飛び出したときに、これが引っ張られて落下傘が開くようになっている。

「装具てんけーん」

教官のその声と同時に、あらかじめ訓練で身に付けた点検方法で装着部品の点検を行う。

「テッパチよーし、あご紐よーし、ナスカンよーし、負い紐よーし、脱着装置よーし」

一つひとつを指差し確認していく。どうと言うことのない点検動作だが、事故を起こさないためには必要不可欠なことである。

すでに機体の扉が開けられ、鼓膜の破れそうな金切り音とともに外気が流れ込んでいる。このとき私には、隊員たちの動作すべてがコマ送り画像のように見えた。

「降下よーい」

訓練どおりなら、このように号令しているはずだ。白い手旗が揚げられた。もう、教官の動作と口の動きしか見えない。流れ込んでくるジェットエンジンの音。

「降下！」

赤い手旗が見えた。

「いち、にぃ、さん」

ドン、ドン、ドンと勢いよく足を踏み鳴らし、先頭の者が三歩でドアまで歩み寄る。ドアの両側の手すりに両の手をかけて中腰。尻を叩かれる合図を受けて、一気に空中に飛び込む。最初の者が飛び込むと、後から次々に列を前へ詰めていき、訓練生たちは空へと飛び立っていく。私の目の前の者が空中に一歩ジャンプした途端に、ドアの外で彼の体が私の視界からスッと消えた。つまり、それほどのスピードで機体が飛んでいるということだ。何も考えず、続いて私もジャンプした。体がもの凄い力で吹っ飛ばされる感じだった。

「いち降下、にぃ降下、さん降下、よん降下ー、てんけーん」

張索の先を見て、落下傘が開いていることを確認する。

すると、ようやく地上の様子を眺めるだけのゆとりが出てくる。高度二〜三〇〇メートルから見た地上は、まるで箱庭模型のようである。低層雲を過ぎると、だんだん地表が近づいてくるのが分かる。落下傘というのは、丸い傘だけと思うかも知れないがあれも一応、操縦が出来るようになっていて紐を引っ張りながら向きを変え、風上の方へと前進するように操作するのだ。右へ行きたいときは右、左は左、後ろもそう。自分の行きたい方の紐を引っ張ると、傘がそちらに傾いて滑り落ちるようにその方向に傘が移動する。風の強いときは思うようにはいかないが、無風状態に近いときならすんなりと操作できるものだ。着地するときは、まるで一本のバナナがゴロンと転がるように自分の体をのけぞらせて、足裏、ひざ、腰、背中、頭という順に転んで着地の衝撃を最小限に抑える。

こうして、基本降下課程の五回におよぶ落下傘降下を修了し、無事に空挺隊員として部隊に迎えられたのだった。

●空挺の第一線勤務

空挺徽章をもらい部隊に配属されると、訓練中とは違ってある程度個人の時間が出来ると思っていた。ところが、そんなことを考えているのもはじめのうちであった。訓練生の頃は、いくら体力的にしんどい思いをしようが、一緒に訓練を受けている周囲の隊員はみんな同じ階級で、同い年の者たちであった。上官といえば教官や助教たちであって、彼らは常に訓練生に対しては指導者としての立場で接してくれていた。それが、いざ部隊配属になってみると自分の同期隊員たちは、それぞれ各営内班に振り分けられる。私たちの頃の同期は人数が多かったので、各二人ずつが営内班へ「新兵」として入っていった。

「新兵」というと、昔の軍隊生活の名残りなのか自衛隊でも「パシリ」の代名詞のようになっており、いちばん雑用の負担がおし掛かってくる。私たち「新兵」に割り当てられた営内班では、だいたい一部屋六人の居室になっていて、班の先任士長以外の者は二段ベッドを使用している。「新兵」は二段の上のベッドを使わなくてはならない。しかもドアの近くだ。何か用事や買い物を先輩隊員から頼まれると、すぐに動ける態勢になっている。日常の勤務が終わって夕食後になると、班長と副班長（いずれも三曹）の半長靴を磨かなくてはならない。部隊によっては、先任士長の半長靴まで磨かされる者すらいた。私たちのいた特科大隊は、その点でいうとまだ比較的に柔軟な方だったろう。

ここで、私の入った部隊の紹介をしておく。現在は、第一空挺団も組織改変され、だいぶ部隊の規模が変わってしまったが、当時は特科大隊という大砲を扱う部隊だった。大隊の編成は、本部中隊が大隊の管理庶務及び補給と射撃測量などを担う。そして第一中隊、第二中隊は、主に実際に大砲の射撃が任務である。私は、そこの本部中隊の測量班に配属されたのだ。配属されたばかりの「新兵」には、こんどは部隊内で職種教育というのが待っている。測量班なら、機材の扱い方から測距、測角の測定法と計算式を学ぶ。そして、いざ演習ともなれば砲班の射撃を正確に誘導するために、測量班が「敵地」の偵察と砲撃の観測を行わなければならないのだ。ところが、実際は重くてかさばる測量機材を持ち、さらに完全武装で測量を行っている。仮に、これが実際の戦場だったら測量偵察など危険すぎるし、空挺作戦では大砲の測量射撃など不可能に近い。

外国の落下傘部隊では、その組織下にある砲兵隊は迫撃砲が主力であるのに対して、自衛隊空挺団は当時、車両牽引式の一〇五ミリ榴弾砲を運用していた。もちろん、副装備として一〇七ミリ迫撃砲を持っていたのだが、これも兵員が担いで運ぶには重すぎた。こんな具合に、ほとんど実際には意味のない部隊編成ではあったが、一応空挺団にも「砲兵部隊」があることを建前としている存在だったのだ。

しかし、近年になって自衛隊の組織改変が進むなか、二〇〇三年の後期から空挺団でもこれまでの国内防衛型から、より機動性を高めるために各部隊の編成替えが行われた。なかでも普通科群を三個大隊に分け、「合理的な指揮系統が確立」された。また、小隊規模だった通信や施設を中隊にしたり、特科大隊を縮小して迫撃砲主力の特科隊になっている。

さらに、「海外邦人救出任務」を専門にする部隊や、対テロ・ゲリラ戦のための特殊作戦群が新設されるなど、従来の編成から比べるとより攻撃的で即応的な性格を持つようになっている。

そしてもうひとつ、第一空挺団が常駐する習志野駐屯地に、東部方面隊直轄の情報保全隊が派遣隊を構えることとなった。これは、内部情報の漏えい防止と、外部からの情宣オルグを防ぐためであろう。それだけ、今の第一空挺団は存在を重要視されている部隊と言える。これから、「海外派遣」を任務とする緊急即応部隊を設置しようとする自衛隊にとっては、機動力のある空挺団の役割は欠かせないものになってくるだろう。

●営内の「奴隷」生活

話を元に戻すと、「新兵」の私としては部隊の役割などどうでもいいことであり、とにかくこの奴隷のような生活から早いところ抜け出したかった。私の営内班では、特に先任士長（古参上等兵）が何かある度に説教をぶちかますロクデモナイ奴だった。彼に付き従っている他の士長、一士たちも、一人ひとりは気が小さく、人のいい連中ばかりなのだ。それがどういうわけか、上意下達の「指示されたことをそのまま下の者に押し付ける」ことを組織の美徳とする集団にいると、こんなくだらない人格になってしまうのかというお手本みたいな人間関係になってしまうのだった。こんなことを書き出すと、個人の愚痴できりがなくなってしまうが幾つかのエピソードを披露しよう。

あるとき私たちの部隊は、大隊長も含めて演習場で野営をしていた。幹部（将校）たちも天幕に寝泊りしていたのだが、昼の飯どきになって糧食の当番だった私の同期が隊員用の食事をバッカンというアルミの容器に詰め込み、すべて配り終えた後、責任者の陸曹が「お前ら、一服していいぞ」と言ってきたので、その言葉に甘えた隊員は野外炊具のわきに腰掛けて煙草をふかしていた。すると、そこへ大隊長付きの士長がズカズカとやって来て、休憩している隊員たちを一瞥するなり一喝、「てめーら、ここで何をやってんだ！」と怒鳴ってきた。何のことはない。彼らは、責任者の許可を取って休憩しているだけであった。だが、都合の悪いことに、その責任者である陸曹がその場にいなかったのだ。

「いや、自分ら、班長に許可貰って一服しているだけですわ」と、大阪出身の彼が釈明する。

「じゃあ、その班長はどこにいるんだ」

「いまー、ちょっといませんわ」

この隊員からすれば、自分は陸曹から許可を貰っているので「士長から文句言われる筋はない」と思っていたのだろう。返答の語尾にふてくされた感じがある。

「大隊長にメシ、食わせねえ気か」

「はー？」

うなるように言う士長の言葉でも、彼にはまだ状況がつかめていない。

真相は、大隊長ら本部の幹部たちが飯の時間に重なるまで会議をしていたようだ。それで「食事は後にしてくれ」と糧食の陸曹に伝えていたところ、その指示を隊員に説明しないまま隊員たちに休憩させていたのだ。ところが、幹部たちは途中から会議が終わってしまったので、この士長に食事を取りに来させたのである。士長もまた、その会議のことを知らなかったものだから、てっきり糧食担当が幹部たちの食事の準備を忘れているものと勘違いして、怒鳴り込んで来たというわけだ。

演習が終わり、営内に戻ってからもこのことが尾を引いた。士長も「事の行き違い」は認めたものの、そのとき応じた隊員の「先輩に対する態度が悪かった」という理由で、その本人と彼の営内班の先輩が、先任士長から指導を受けたのだ。そういうときは、まるで「トカゲの尻尾切り」のように、いちばん下っ端の者が集団から切り捨てられる。当時は今のような「自己責任」などの言葉はなかったが、それと同じような現象で排除の論理が働いてしまうのだ。

また、こんなこともあった。私が警衛勤務明けのときである。駐屯地の警衛勤務は、一当直二四時間勤務態勢で、毎回各中隊から要員が割り当てられて任務に就くことになっている。私もその勤務には何度も就いた経験がある。この就労規則として警衛勤務が明けた日は、半日休養が隊員たちに当てられることになっているのだ。当然、私もその日の朝に次の勤務者と交代して、朝から昼まで休養できるはずであった。ところが、たまたまその日の午前中に、中隊総出の銃剣道稽古をやるというのだ。しかし、私は自分の権利として午前中は休養できるので営内班のベッドで仮眠を取っていたところ、急に副班長が私を呼びに来た。

「おい、みんなが稽古しているんだ。お前も参加しろ」

「いいえ、自分は警衛明けなので……」

「なんだとぉ、貴様。生意気なこと言ってんじゃねえ」

それでも、ベッドから動かないでいる私を見て、さすがに自分の言い分には理がないと悟ったのか、「そうか、貴様はそういう奴だったんだな……」と言い捨てて部屋を出て行った。彼は陸曹だったし、言葉遣いの割には気の小さな人物だったのでその程度で済んだ。だが、それが他の陸曹だったらそうはいかなかったろう。例えば朝の点呼のときなど、風邪をひいて「熱発就寝」しているときでも叩き起こされて、整列点呼に加わらされる。そういう集団行動の原則というのは、あくまで勤務上のものであるはずなのに、それを勤務以外の時間、あるいは突発的な病気による勤務不可能の状態であろうと、無理にでも押し付けようとする。いわゆる「旧軍の兵営」と言うべき体質である。硬直した集団のなかで、如何に人間が思考停止状態になってしまっているかを物語っているのだ。

こういうこともあってか、私は初めて自衛隊も昔の軍隊と同じなのだということが分かった。私が少年の頃、今は亡き祖父から旧軍隊生活のいろんなエピソードなどを聞かされてはいた。自衛隊でも組織の論理は同じで、やはり個人の尊厳を押しつぶしながら全体に統合させていく在り方は、今も昔も何ら変わらないのである。

他の部隊でも多かったが、私のいた部隊でもそういう在り方に嫌気をさしてしまう隊員たちは、何人もいた。後輩や同期に限らず、何年も勤務している先輩隊員までもが、仕事や人間関係、あるいは個人的に何らかの悩みを抱え、同じ職場の者にさえ相談も出来ずに帰隊遅延や脱柵（脱走）、依願退職をしてしまうのだ。

●自衛隊を退職

その頃の私は、自らの立場性を理解できず、何となく自衛隊内の管理・統制型の組織に嫌気がして辞めることになる。それでも一応は任期満了まで勤務しての退職だった。自衛隊を辞めた後は、希望として海外青年協力隊に参加したいなどと考えてはいたが、自衛隊での職種で得られた技術・経験では役立たない。そこで当時、東京・青山にあった自然環境を学ぶ日本動植物専門学校に通い始めた。ここで学んだ環境学などで、何か公共の職種に就こうと考えていたのだ。

ところが、そこには私と同世代の学生たちが多かったものの、彼らのほとんどが専門学校に通いながらも、毎日を惰性に任せて無駄に費やしているように見えた。彼らに足並みを揃えていたのでは、自分自身の目的意識すらあいまいになっていくような気がして、日々耐えられなかったのだ。今でこそ思うのだが、その頃の私もまた若かったために、彼らと多様な価値観の共有が出来なかった。そして知らず知らずのうちに、自衛隊の中で身についていった非日常的な「刺激」の虜になっていたのだ。いつしか私は、学校に入学してから一年も経たないうちに、再び自衛隊に入隊する道を選んでしまっていたのだった。

●板妻へ再入隊

結局、私はその専門学校を中退してしまうと、またしても自衛隊に再入隊をした。再入隊するにあたって最初の入隊のときと違っていたのは、すでに私は陸士隊員の営内生活をあらかた知り尽くしたことに付け加えて、自衛隊生活を自分の目的遂行のために「利用してやろう」という考えを抱いていたことだ。

それはやはり、専門学校に通っていた目的が「海外でボランティア活動をする」ことであり、自衛隊に再入隊してからも今度はその目的のために余暇を利用して、チャンスを狙おうという目論見があったからである。そのチャンスというのはもちろん、海外青年協力隊であった。

私は、一九八九年に横須賀の武山駐屯地で前期教育を迎えた。だが、再入隊なので以前のような新鮮味はなく、訓練も余裕でこなしていた。入隊の月が一〇月だったので、同期の隊員たちも以前のような同年代ばかりではなく、年齢層や経歴が多岐にわたって面白かった。これは、退屈な訓練の中では唯一の救いだったかも知れない。同期のなかには妻帯者もいれば、大卒もいる。元暴走族や銀行員だった奴とか、キャバレーの呼び込みだった奴もいた。なかには、現役のやくざの組員がいて、「自衛隊に入ってハクを付けたら組に戻る」とか言っている。何か、入る場所を間違えたのではないのかとさえ思ってしまう。ちなみにその「組員」は、小銃（ライフル）の分解結合の教練中に同期と喧嘩をはじめて、その喧嘩相手の頭を銃身でぶん殴り、流血の大怪我をさせた後、自衛隊をクビになって「元の組」に帰って行った。彼はその後、きっとハクを付けたのだろうと思う。

その他にも変わった奴がいる。彼は大学中退らしいのだが、入隊後一週間ぐらい経ってから、隊付幹部（区隊長）に対して「私は、戦争は間違っていると思います」といきなり公言し出したのだ。隊付幹部も初めは冗談かと思ったらしいが、それからもずっと自衛隊の在り方と戦争に対して批判的な内容を言っていたので、とうとう三日後には訓練から外され、除隊させられてしまった。まだ、入隊の宣誓式すら行わないうちの除隊だったが、おそらく彼は、そのタイミングで除隊しようとでも思っていたのだろうか。しかし、入隊してからあまりにも短い期間での「依願退職」に、いまだその意図は理解できない。誰にも影響を与えないまま現場を去って行ったのでは、単なる「自己満足」とすら訝ってしまう。ただその後、印象に残っていることは、以前に入隊したときには無かったことで、彼が退職した直後に新隊員たち全員に「君が代」の歌詞を紙に書かせて提出をさせたことだった。何かそこに政治的な意図を感じたものだ。

そして、私が次に配属されることになった部隊が、静岡県板妻駐屯地の第一対戦車隊である。この当時の自衛隊部隊の編成を若干説明すると、まず冷戦構造を念頭に置いた「ソ連脅威論」からして、上陸して来る「敵」を正面戦闘で撃退する戦略であり、本土防衛を主眼にして組織を編成していた。そのなかで、対戦車部隊という一種独立した部隊は、本来なら対戦車遊撃戦を行う部隊のはずであった。しかし、発射陣地を必要とする新型誘導ミサイルの導入によって、その守備位置が移動型から陣地構築型に変わるや、普通科部隊の支援任務に移行しつつ、その独立した部隊としての存在意義は薄れてきたのだ。

●富士演習場での演習

私が部隊配属されたときは、すでに地対地・地対艦の新型ミサイルが導入された頃である。それでも、基本操作訓練では旧来の対戦車誘導弾の訓練に明け暮れて、富士の演習場を走り回ったものだ。だが、部隊で行う実際の模擬演習ともなると新型誘導ミサイルの陣地構築になる。私たち陸士隊員は、主に「穴掘り要員」だった。

演習を行う自衛隊員たちというのは、まるで演劇を行う舞台俳優のようなものである。というのも演習の始まる前は、隊員たちみんな「舞台造り」のために実戦とはまるで違うやり方で陣地構築を行う。例えば、本来ならば完全装備で銃もすぐに取れる場所に置いて、塹壕や掩たい壕を掘らなければならない。しかも、スコップを使っての手掘りがより実戦的だ。しかし、実際はどうかというと、これがまたいい加減なもので装具などは隅っこの方にまとめて置いてあり、上着を脱いだTシャツ姿である。一応ヘルメットは被っているものの、大まかな掘削はユンボなどの重機で掘ってしまう。そして、形を整える最後の仕上げ段階でスコップを使って掘るというやり方だ。

これでは、シャバの「土方」と何も変わらない。それならそれで別にかまわないのだが、もしこれで彼ら自衛隊員が実戦などを経験するようなことになったら、よほどの時間的余裕がなければこれほど立派な掩たい壕など掘れないと思うくらいの、綺麗で立派な造りの「芸術品」を演習場に構築するのである。そして、師団の幕僚たちからなる観閲官が視察に来ては、「ああでもない、こうでもない云々」と言って、花丸の「よくできましたで賞」みたいなもので評価するのだ。まるで、幼稚園児の砂遊びをそのまま拡大したような「穴掘りごっこ」である。

そんなことをやり終えると今度は、演習が始まる。各部隊の隊員たちは、それぞれの持ち場に着くと合図があるまでタバコを吹かしながら待機している。やがて、信号弾が撃ち上げられ、「状況開始ー」と無線連絡が本部から各隊に入電する。すると現場指揮官が復唱して、大声で「じょうきょうーかーいしー」と号令をかけるのだ。その声がかかると、それまでボーッとしていた隊員たちが一斉に銃を構えたり、地面に身を伏せたりする。戦車がガラガラと動き出して、機関銃の空砲の音も聞こえて来る。私たちは、対戦車誘導ミサイル（重MAT）で「仮想敵」に扮する対抗部隊を迎え撃つのだ。すると指揮幹部から無線が入る。「前方、二時の方向に敵、重戦車接近中」。そう言っている割には、私にはどこにそんなものがいるのか確認できない。

すぐ隣にいた班長が「ちゃんと確認したか？」と聞いてくるのだが、よーく見ると少し離れた草むらを赤いヘルメットを被った隊員がリヤカーを引いて横切ろうとしているではないか。私は「あれですか」と言うと、「そうだ、敵重戦車確認」と勢い良く無線機に応じていた。「完全に役にはまっているな！」、そう私は思いつつ、自分も思いっきりその場の状況を演じるのだ。

ミサイルを「発射」すると、ミサイル筒にあらかじめ設置された訓練用の光発信器から光が発射されて、それが隊員の引くリヤカーに取り付けられた受光器に当たると、「命中」ということになる。模擬演習中は、このような光発信機が普通科隊員の持つ小銃の銃身にも取り付けられ、また受光器も各自の身体に装着されている。光が「命中」すれば、その信号が指揮本部のコンピューター画面に「敵・味方の被害状況」として表示されるようになっていた。

私たちが直接照準で撃った「ミサイル」が、敵の重戦車に当たった。「ポンッ」と気の抜けるような音がしたかと思うと、リヤカーから黄色い煙が立ち昇る。「命中！」、班長がそう叫んでいた。こんな具合に、「私たちの戦争ごっこ」は毎年行われているのである。

演習とか訓練がないとき、「隊員たちの勤務は何をやっているのか」とシャバのひとは疑問に思うだろう。隊員の一年の勤務スケジュールをかいつまんで紹介すると、まずは演習だが、これも小規模単位の部隊演習から師団規模の合同演習まである。次に射撃訓練で、射撃場で実際に実弾を撃つ。これも実弾の管理が厳しくて、一年間に訓練で使用する弾の数が部隊ごとに決まっている。さらに割り当てられた弾の数が残ると後で申告手続きが「面倒になる」という理由で、たいていの部隊はその年の分を全弾使いきるようにしているらしい。

その他には、陸曹候補生の部隊行進訓練などもあれば、体力検定とか、持久走大会もあり、柔剣道大会、春の駐屯地祭、夏の盆踊りの準備、秋の慰安旅行、正月のモチつき大会、諸々のイベントと、盛りだくさんである。

こういう合間を使って隊員たちは、部隊で使用する各種車両や武器・装備品や補給資材の整備・点検を行っている。あるいは、演習場や駐屯地内の雑草刈りや、春の野焼きなどに駆り出される隊員もいる。各駐屯地、各部隊によって違いはあるだろうが、大雑把に紹介すればこんなものである。この他に、何か緊急で災害派遣任務とかあれば、要員を選抜して出動させなければならない。そのための余分な員数確保として、ある程度暇な隊員もいるのだろうと思う。

とはいったものの、この平穏な自衛隊での勤務生活が、当時の私には満足できなかった。本来は、「危険と背中合わせ」という、ある種の緊張感を持った仕事を目指していたのに、一年の内のほとんどを演習場の草むしりや駐屯地勤務などで時間を費やされることに、この頃の私は強い苛立ちと倦怠感を持ちはじめていた。

●御殿場の飲み屋街

今でもそうだが、御殿場の街は私が部隊にいた頃も土日の夜になると、自衛隊さんが飲み屋に繰り出してはお金を消費していく。あの当時は、まだ景気の良かったときだったので、あんな地方の街にも活気があったものだ。

とくに板妻駐屯地は、第三陸曹教育隊も「同居」しているので、訓練期間の間は陸曹候補生たちが日頃の鬱憤を晴らそうと一斉に飲みに出てくる。彼らに比べれば、他の一般部隊の者など静かな方だ。まず、御殿場でスポーツ刈りの頭を見たら、「自衛隊だと思え」と言われるくらいごろごろしている。

私の御殿場での休日の過ごし方をちょっと紹介しておくと、駐屯地からバスで御殿場まで出るが昼間の御殿場の街ほどつまらないものはないので、電車で沼津まで出て、そこのパチンコ屋で昼過ぎまで球を打つ。私はそんなにやる方ではなかったが、頑張れば五万くらい稼げたものだ。その後、いろいろと人によっては時間を有意義に使っていたようだ。私などは映画を観たり、書店に行ったりした。それから、夕方から焼き鳥屋に行って飲み食いすると、次はなじみのスナックに行くという具合だ。だが、スナックに行くと若い女性がいるので、柄の悪い奴とか、悪酔いした奴はそこで女性に絡んだりしていた。

私の同期で、飲みすぎた勢いで店の女の子の前でいきなりズボンとパンツを下ろすと、「やらせてくれ～」と叫んで飛びつこうとした奴がいた。当然彼は、それ以降、店に出入り禁止になってしまった。そんな隊員ばかりではないのだが、たまにとんでもないことをされると、他の者まで同類に見られてしまうので困ったものである。

また、東富士には、アメリカ海兵隊のキャンプもあったので彼らの演習の時期になると、真昼間でも若い米兵が道を歩く若い女の子に平気で声をかけてくる。駅のプラットホームなどはどこにも逃げ場がないので、たいてい女の子に米兵が絡んでくる。そういうとき、たまに自衛隊員が近くにいるとその近くに女の子が逃げてくるのだ。制服など着ていなくても地元の人なら、スポーツ刈りで革ジャンを着ていたら「自衛隊だ！」と一目で分るからだろう。隊員もそうやって女の子が逃げてきたら、すぐに場の雰囲気を読んで米兵相手に睨みをきかせ、それこそ「人間の盾」になるのだ。

でも、こんなことはそうしょっちゅうあるものではないので、普段は御殿場も平和な田舎の繁華街である。ただし、営外生活の家族とか、あるいは自衛隊員たちが消費していくお金で、街の商店街が支えられているということも事実なのだ。

●右翼政治結社

私の苛立ちというのは、何も板妻の自衛隊生活が再入隊前の「空挺に比べて退屈だ」などというものではまったくない。程度の差こそあれ、実質はそれほど変わりはない。では何をそんなに焦っていたのか。それは本来の目的であった、海外でのボランティア活動を行う目処がなかなか立たないことに苛立っていたのだ。

ある日、休日外出のおりに街の書店に入って立ち読みをしていたときに、何気無く政治思想の本棚をあさっていたら、薄っぺらい右翼団体を扱った特集の雑誌を見つけた。そこには、外国にメンバーを派遣している右翼団体がいくつか紹介されていた。それらは、ざっと見ただけで明らかに軍事訓練を目的にしていることが分かった。それまでの私なら、こんな右翼など口先ばかりで日頃ふんぞり返っているゴロツキ連中だと思っていたので興味すらなかったのだが、「軍事」という言葉に興味を持ったのだ。「右翼のくせに軍事訓練などと生意気な！」と思いつつも、ページをめくると写真が出ている。

そのなかのいくつかは、いかにも任侠者と言った顔つきで暴走族のように刺繍の入った戦闘服を着ていた。思わず、鼻で笑うくらいに滑稽な「軍事訓練」だ。ところが、私はそのなかの一枚の写真に目がいった。地味でヨレヨレの戦闘服を着た短髪の青年の顔だ。見た目は、どこにでもいるカタギの若者といった感じである。そして彼の後ろに写っている背景には、どう見ても日本のものではない竹で造ったような小屋があった。私はそこの記事を読んでみると、「カレン民族解放戦線……」とか、「ビルマ軍事政権と戦い……義勇兵」など、およそ右翼の路線からは発せられないような言葉も書いてあった。

ところが、そのメンバーを送り出している団体は、れっきとした任侠系である。私がさらに気になったのは、送り出されているメンバーが「元自衛官」と記されている点だった。このとき初めて、こんな元自衛官もいるのだということを知ったのである。

早速私は、この本を購入すると駐屯地に帰って隊内の公衆電話から、この団体に電話を掛けた。相手は心よく会うことに応じてくれた。そして、次の週の休みになると私は、東京に出てその団体の責任者と面会したのだ。最初その人は、雰囲気こそ穏やかに接してはいたが、やはり任侠者の匂いがする。表面は腰の低そうな感じを装ってはいるが、会話の合間に人の顔色をうかがうような目付きをして、いかにも小心者で執念深そうなタイプである。実際に面子や格式にこだわる器の小さな人物だった。その彼が私に紹介したい人物がいると言うので、これまたその日のうちに引き合わされたのが、例の雑誌の写真に出ていた「元自衛官」だった。

●調査隊のガサ入れ

私は、それからというもの、右翼関係の書物などを頻繁に読み出すようになった。まず手始めに、三島由紀夫などの書いた本を読むようになり、三島が自衛隊と接点のあった人物だということを知った。

これは別に、私が右翼の思想に感化されたということではなく、私自身も「義勇兵として海外に行きたい」という気持ちがあったからだ。再入隊をしてこのかた、自衛隊を次のステップの踏み台として考えていた私には、例の右翼との付き合いもまた、義勇兵になるための通過点でしかないと考えていた。そういう関係に順応するするつもりで、予備知識を蓄えようとしていたのである。

だが、その頃私は、自衛隊というある意味で温室のなかで育ってきたため、警戒心というものが不足していた。例えば、課業外に自分の営内班で公然と思想的な本を読んで、同室の者にまでそのことについて話し合ったりしていた。また夜遅くまで、隊舎の学習室で右翼本の感想文を書いているところを当直陸曹に見つかって注意を受けたりしていた。もともと私は、営内班の居室で小型ナイフなどを平然と砥石で研ぎながら友人と雑談を交わすような生活をしていたせいか、多少他と変わったことをやっていても同室の者はそれほど気にも留めなかった。しかし、班長や他の陸曹は気に掛けていたらしく、私に気を使って「俺も右翼ってそんなに悪いとは思わないよ！」とか、「俺も高校の頃は、族で特攻服着ていたことがあってな」などと声を掛けて来るのである。そんなこともあってから、さすがに私もあまり目立ってはいけないと思い、隊内では自重していたのだ。

そこへとんでもない予想外の出来事が起こった。私の私物ロッカーに対する、調査隊幹部の「ガサ入れ」点検である。これは、私の営内生活の件とは関係なく、別系統からの情報で進められた対策だった。要するに、私が休日外出をして頻繁に右翼団体と接触しているところを警視庁公安に目を付けられたらしく、そこから右翼団体に探りを入れられ、メンバーの誰かが私の素性をもらしたと思われる。それも私が安易に右翼団体に接触したのが悪いのだが、結局その情報が調査隊まで通報されていたのだ。当然、そんな情報を受ければ一応は調べてみるだろう。

ある日、勤務中にもかかわらず幹部室に呼び出された。すると、隊付きの調査隊出向の幹部がひとり部屋にいて、私に右翼との関係を詰問してきたのだ。その頃、私はそんなことは部隊外での出来事で、規則に触れることではないと思っていた。また、何も後ろめたいことではないと思っていたので、正直に右翼団体との接触を認めてしまった。するとその幹部は、「どんなことをやっている団体なのか」と尋ねてきたので、それにも正直に答えるうちに例の右翼団体の載っている雑誌の話になった。そのうちに、「それを見せてほしい」と言って来たので、階級章に弱かった私は、その申し入れを受け入れてしまったのだ。私がロッカーを開けて本を出そうとしているところで彼が、「ほう、ずいぶんいろんな本を持っているな」と言って、勝手に私のロッカーからいろいろな書籍を出しはじめる。そして、出した本をベッドの上に並べて、「他にも見せてくれ」と、施錠されている私の封扉ロッカーまで開けるように指示する。

幹部に逆らえない私は、もうやけくそになって自分のロッカーを全部開け放って、彼が点検するのに任せた。それまでは、右や左の思想的な「趣向」などは、営内生活者の陸士・陸曹だけで冗談交じりの話題にしかならなかったのだが、そんなことがあってからというもの、部隊のなかで政治について語ることはますますタブーになってしまった。

●第一対戦車隊長からの呼び出し

この日以来、私は部隊のなかで要注意人物になってしまった。そして、結果はそれほど日数を経ずしてやってきた。

「おい、渡邉。隊長室に来い」

そう隊付准尉から呼び出しがあると、私は断ることも出来ない。勤務中であったが、途中から抜けて隊長室のドアをノックした。

「渡邉、入ります」。中には、窓際に両手を後ろに組んでこちらに背を向けたまま隊長が立っていた。

「何で呼ばれたか分かるな」。振り向きざまにそう言うと、彼の目は私を凝視した。

「はい」

私は、すでに彼の耳に右翼との接触が届いていると分かっていたが、何らかの処分が下るのではないかと不安であった。

「まあいい、楽にしろ」。そう言うと彼は、私の方に歩み寄ってくる。私は直立不動から「休め」の姿勢に変えた。

「話は、〇〇隊付准尉や△△二尉（調査隊）から聞いた。そういえば、この間のＮＨＫ特集を観たが、ビルマ少数民族の反政府独立闘争とかいうのをやっていたなぁ」

遠まわしな言い方だ。

「元自衛官という者まで参加しているそうじゃないか。お前も、ああいうところに行って闘いたいのか」

私は黙っていた。

「そいつを知っているのか」

「はい。彼は元第一〇対戦車隊の陸士長です」

そのとき、彼の眼が「キッ」とこちらを見た。だが、すぐに目をそらすと煽るように問いを発する。

「いつ知り合った」

「ごく最近、東京です」

「そいつは右翼なのか」

「多分そうだと思います」

そこまで答えると、彼は腕を組んで深々とため息をつく。そして、今度は私を案ずるような目をしながら、「お前も右翼団体のメンバーになるつもりか」と聞いてくる。

「いいえ」

「私は、義勇兵としてカレン民族の闘いに参加しようと思います。私は、空挺教育隊で『自衛隊の本質は軍隊である』と教えられてきました。それを外国で実践したいと思います」

とうとう言ってしまった。と同時にこれは、私が除隊を決意していることを意味している。問い詰められての返答であったが、当時これが自分の本音であった。そして、この隊長もまた空挺団出身であったために、私はあえてこのような「あてつけ」で答えたのだ。

その後、私は部屋を出ると事務室に連れて行かれ、そこで依願退職の手続きをしなければならなくなった。もともと任期を待たずして、自分から退職するつもりでいたのだがこうも早くそのときが来るとは思っていなかった。あの頃は一一月の末だったが、自分としては年末のボーナスを貰って正月前に辞めようと考えていたのだ。そんな甘い目論見は、あっという間にかき消えた。

●依願退職の強要

隊長は、私を事務室に連れて行くと、そこで勤務していた幹部、陸曹に向かって、「えー、本日、渡邉一士が退職を申し出てきたので手続きを頼む」と言う。冗談ではない。これは意図的な排除だ。とは思ったが、辞める時期が早まっただけである。とくにこちらから、それに異議を申し立てることもない。私は隊付准尉から手続き書類を貰うと、別室で記入することになった。そして准尉が見守るなか、退職願の「退職の理由」の欄にやけくそ混じりもあって、自分の思うことを全部書いてやった。

この間に自分の考えていたこと。右翼となぜ接触したか、憂国の志とは何か、兵士とは……。そして、なぜ自分がカレン民族解放戦線に参加しようとするのか。書き込んでいくと、欄をはみ出して用紙の裏側まで書いていた。それを担当幹部に提出すると、「何だ、これは」と、まるでゴミでも見るような目で睨まれてしまった。

「こんなものでは理由にならん。書き直せ！」。そう跳ね除けられると、また書き直した。しかし、書き直すたびに丸めて捨てられた。とうとう四度目になって、担当幹部が直々に「いいか、こういうふうにするんだ」と言って、私は彼の指示したとおりに書いた。

「自分は、自衛隊の任務に不適当であるので退職を希望します」。何時間もかけて、たったこの一行だけである。

だが、こうして私の「依願退職」は受理されたのである。それからは忙しかった。次の日、丸一日がかりで私物の梱包と実家への発送。官給品や被服の返納である。そして翌日の朝、まだ課業が始まる前に私は営内班長に付き添われながら、各営内班に退職のあいさつ回りをした。あまりにも急な私の退職に、陸曹ですら私の退職の理由や事実までも知らない者がいたくらいである。

そして私は、二度目の自衛隊と御殿場の街を後にして、自衛隊を辞めたのであった。

第2章　ビルマ・カレン民族解放軍

点線部分は９０年代前半のＫＮＬＡ支配地域

●大日本誠流社から義勇兵に

一九八九年の末に自衛隊を辞めた私は、いったん実家に戻ったのも束の間。すぐに東京に出て来ると右翼関係者の自宅に泊めてもらうことになった。そこで私自身も、「元自衛官」になってしまったわけだ。

前述した、ビルマに行った経験を持つ元自衛官の伊藤という人物は、名古屋出身で地元の自衛隊を退職。その後、東京の大日本誠流社という右翼団体の構成員になっていた。彼は、自分が自衛隊にいたときの階級とか何年入隊とかそんなことに執着して、それ以外、とくにこれといって人に自慢できることのない人物だった。自衛隊を辞めた後でも、右翼団体の構成員としての上下関係に拘わって、自分の頭で自分の在り方を考えられないでいたのだ。当時私は、そんな彼のキャラクターをまったく知らなかった。それでも一応、彼を先輩として見ていた。その伊藤氏と一緒に私は、ビルマ・カレン族解放区へ派遣されることになったのである。

だが、ここで私が述べることは、すでに過去のことである。私の経験した思い出話の領域を出ないことを理解願うと同時に、現在のビルマ・カレン民族集団の実情とは違うことを前提にしてもらいたい。

私たちを送り出すことになった大日本誠流社は、企業献金などを主にして資金を稼いでいる団体で、総会屋とも関係を持っていた。そして何と、「カレン民族人道支援」などと銘打って、丸紅、伊藤忠、三菱物産など主だった商社から、「献金」を強請り取っているどうしようもない団体であった。彼らは、こういう活動の裏で実は、ビルマ紛争地帯のゲリラ部隊から軍事訓練を自分の構成員たちに受けさせることを狙っていたのだ。そうすることによって、当時、勢力のあった革新団体を潰すための自民党など保守派政治家らの「子飼いの荒し屋」として、自らの団体を売り出すことだったと思う。

その頃の私は、単に「戦場を体験したい。自衛隊で受けた訓練を試してみたい」という理由でビルマ行きを決意していたのであり、それがどのように政治利用されるかなど考えてもいなかった。しかし結果として私は、彼らが大手商社から強請り取った活動資金を「支援金」として、ビルマに「軍事訓練」を受けに行くことになったのだ。

その大日本誠流社は、杉並区内に事務所を持ち、毎週金曜日になると新橋駅前まで来ては街宣活動を行っていた。このようなスタイルの右翼団体というのは、現在でも都内に掃いて捨てるほど存在している。

ところがその団体は、杉並の所轄警察署とグルになっていたという点で、左翼勢力への嫌がらせと情報収集に一役も二役も買っていたのだった。当時の杉並区は、革新無所属の区議会議員や市民団体も活発に活動していた。さらに、新左翼党派の活動拠点なども存在しており、所轄警察だけではとても監視の目が及ばないでいる状態だった。そういう環境のなかで、このような右翼団体を威圧勢力として権力側が利用しないでいる手はない。

この頃に、誠流社の街宣活動へ私も同行したことがあった。そのとき、事務所の前で杉並警察署の私服が挨拶をしてきたのだ。するといきなり、団体の責任者が私を彼らに、「今度、ウチからビルマに送り出すことになった義勇兵ですよ」などと笑いながら紹介した。そんなことを警察に言ったらまずいのではないかと私が戸惑っていると、「ああ、そうですか。気をつけて行って来てください」と私服も応じているではないか。私はこのとき、「そういうことか！」と権力側も了承していると理解したのだ。

さらに、こんなこともあった。日本人傭兵の接触である。私がビルマに出発する数日前、この右翼団体に「帝国警備保障」の社員を名乗る若い男二人が、カレン民族支援担当者に会いに来ていた。彼らは、表向き警備会社の「秘書課社員」として登録されている。ところが、実際の業務には携わっていない「幽霊社員」である。私は、直接このときの会話に参加していなかったので概要だけ報告する。

まず彼ら二人は、「傭兵」としてビルマ・カレン民族の闘争に参加しているとのことであった。そして、何らかのつてで誠流社の活動を知ったのだろう。彼らの傭兵としての活動を、資金面でバックアップしてほしいと求めてきたのである。それを誠流社の担当者KT氏は、「我々右翼の運動に協力してくれるのなら」と条件を出した。ところが、右翼の宣伝に使われることを二人は望まなかった。そんなことで、「誠流社が傭兵を直接支援する」ことにはならずにその話は終わった。

彼ら二人の傭兵は、すでに帝国警備保障というパトロンが付いていたにも関わらず、独自の判断でさらに協力者を求めようとした結果であった。私の知り得た情報では、彼らはカレン民族の武装闘争に加わりながら、そこで取材した記事や写真を日本の週刊誌などに売って稼ぎにしていた。また別のところでは、公安調査庁関係者にカンボジアなどの共産ゲリラの情報を売っているとの噂もあった。

●タイ国境からビルマへ

一九九〇年一月、私はタイ国境沿いのサルウィン河を二〇人乗りのボートで、タイまで買出しに出て来たカレン人たち一緒にビルマ側へと遡っていた。このボートのエンジンは、何かトラクターからはずしてきて、そのまま流用しているような馬鹿でかい代物である。そんな馬力のありそうなエンジンが、ゴゴゴゴーと低い音を響かせながら川の流れを引き裂いて進んでいく。

ちょうど乾季の時期で、空は青く晴れ、日差しが暑い。ヒマラヤからの雪解け水が大河となって、サルウィンの支流にたゆまなく注ぎ込まれている。下流の村々には、肥沃な土砂を押し流してくれるのだ。河の水は流されてくる土砂で濁ってはいるが、途中に見かける河岸では近隣の村の子供たちが水遊びをしたり、女性たちが洗濯をしている。だが、上流に登っていくにしたがい、民家は見えなくなり、切り立った崖が険しくなってくる。私たちの乗っているボートは、一応、タイ国境警察の監視をくぐり抜けるためにタイ国旗を掲げながら進んでいた。

すると、遠くで機関銃の連射音が聞こえてきた。心配する私に対して、同乗のKNU（カレン民族連合）広報官は、「問題ない」とニヤけている。まるで、映画『地獄の黙示録』の一場面のように感じる。何しろ、実際の戦場に来るのはこれがはじめての経験だったので、かなり緊張していた。崖の上に視線を移すと、こちらのボートを監視する機関銃を構えた兵士が見えた。今のは「識別射撃」の合図だったのだろうか。ボートの船頭が両手で何やらサインを送っていた。どうやら、KNU支配地域であるコートレイに入ったようである。「コートレイ」とは、カレン語で「花咲く大地」という意味だそうだ。その美しい意味にしては花が少ない。日本の花で例えれば、「キタコブシ」のような、小さく赤い花が木の上に咲くのだ。カレンの兵士は、これを「血の花」と呼ぶ者さえいた。

KNLA（カレン民族解放軍）兵士は、遠目からでもボートがカレン側のものと分かったのか、こちらに姿を晒していた。この時期、タイ・ビルマ国境においては、現地住民の行きかいもタイ国境警察が暗黙の了解の下に認めていたので、私もそのボートに紛れて同乗したのだ。もちろん、私を案内するのは、カレン民族連合（KNU）の広報官である。まだこの当時は、KNUが「首都」総司令部のマナプロウを維持している頃である。KNLAは、KNUの軍事部門なのだ。ボートが遡って行くのは、ジグザグと蛇行するサルウィン河。その両岸には、そそり立つ岩山がある。そんな河を一時間以上も遡っていくと、目的地マナプロウに着いた。

●ビルマの民族問題

現在も続くビルマの内政問題を見ると、そこには大きく分けて三つの問題があると言われている。ひとつは、都市部においてアウンサン・スーチー女史をシンボルとする、大衆的な民主化闘争である。ふたつめは、タイ・ビルマ国境付近での、麻薬栽培と密輸を取り締まろうとして越境するタイ国軍とビルマ国軍との衝突。みっつめは、辺境の民族自決権獲得や生存圏を守るための武装闘争の問題である（参考文献、フォトジャーナリスト・大場玲次著『ビルマの辺境―歴史と民族の狭間に生きる人々』）。

アメリカ、イギリスの人権団体から、ビルマ軍事政権の民主化勢力への弾圧に対して、批判的な声が上がっている。また、タイ国境地帯での麻薬の密売に対しても国際的に監視の目を強める動きがあり、タイ国軍と警察はまさにその「最前線」で取り締りを強化している。しかしながら、ビルマ国内に住んでいるカレン民族の住民たちは、ただ「異民族だから、宗教が違うから」という理由で、ビルマ政府からいわれのない迫害を受けている。これは、カレン民族側の主張する民族自決獲得の闘争に対する、ビルマ政府の仕打ちであった。このような民族問題については、国際的には九〇年代の初めに一時メディアに取り上げられただけで、その後ほとんど関心を持たれない状態ではないだろうか。

これら、ビルマの政治状況について、九〇年当時、私がカレン民族地域に赴いた頃には考えもしなかったことである。しかし、こういう問題を抱えつつ、カレン民族の自ら生活圏を守ろうとする闘いが展開されてきたことも、ビルマの問題を書くときに紹介しなければならないと思う。大場氏が九三年からカレン民族の取材に入り、そのなかで彼がまとめたレポートは貴重だ。内戦問題で五〇年以上も続いている国は、世界中見ても他に類を見ない。前述の大場氏は、レポートのなかで次のように述べる。

「ビルマでは独立前からの内戦状態が、今も続く。もともと、ビルマは、河や山脈を越えて異なった民族集団が群雄割拠していた。英仏の植民地侵略に巻き込まれたビルマは、それこそ人為的に国境線が引かれた国なのだ。英国の植民地政策は、首都周辺と『辺境地域』を分けて支配する形態をとった。そのために『辺境』に住んでいた諸民族は、中央政府に属している国民という概念はまったくなかった。

日本がビルマに進行した一九四二年、日本の特務機関『南機関』によって指導されたビルマ独立義勇軍（ＢＩＡ）は、ビルマと対立する英軍に加わっていたカレン兵と、武装解除を巡って衝突した。この時、多数のカレン人がビルマ人によって殺された。このことが大きな出発点になり、ビルマ独立後のカレン人の反乱とビルマ人不信へとつながっていく。

ビルマでは、他の民族集団と比べてなぜカレンだけが強固な反政府抵抗を続けてこれたのだろうか。英国植民地の末期。英国＋カレン人に対して、日本＋ビルマ人という勢力図ができあがっていた。カレン人は英国の指導のもと、民族団体としてはかなり組織化が進んでいた。独立後、ビルマ政府に反旗を翻すときのカレン人の結束は、単なるゲリラ組織と言うより、政務機関をいくつも持った国家に近い組織体を作り上げることに成功していた。それにカレン人は、ビルマにおける自由を求める闘争の先駆者でもあった。一八八一年、ビルマを含む英領インドにおいて最初の政治組織（KNA）を組織したのはカレン人である。これはインド国民会議（INC）結成の四年も前のことであった」

イスラエル・パレスチナ問題やイラク・アラブ問題と比べて、あまりにも影の薄いこの問題に今後、国際世論はどう向き合っていくのであろうか。私も、これから注目していきたい課題である。

●長びくゲストハウス待ち

私が元自衛官の伊藤氏と一緒にマナプロウに着いたのは、正月も過ぎた頃だ。日本では「七草粥」を食べる時期だろう。私たちは、まず初めにゲストハウスに宿泊することになった。KNU（カレン民族連合）からすれば、ゲストハウスとは「イミグレーション（入国管理）」でもあり、文字通り「来客宿舎」でもある。

私と伊藤氏は、到着早々、マナプロウの総司令官ヴァー・モウ将軍へ挨拶に行った。広報官が案内する。私たちが木造で高床式の平小屋のような質素な建物の前に通されると、その入り口のところで初老の男性が椅子に腰掛けてこちらを見下ろしていた。同行した伊藤氏は、それには気付かず、あさっての方を向いてきょろきょろしている。私は彼に気が付いて見上げると、威厳のありそうな人物に見えたので、とりあえず敬礼をしてみた。すると案の定、彼が将軍だった。伊藤氏も直後、「はっ」と気が付いたようだ。

「Welcome!」

彼は私たちを一瞥すると一言応じた。

「I'll meeting your later.（後ほど、面接しよう）」

何か、会議中だったらしく部屋の中に何人か座っている。どうも取り込み中のようであった。仕方なく、そのまま私たちはゲストハウスに戻ると、別の幹部と面会をしてこの度のカレン訪問の趣旨を伝えた。正直言って彼らからしたら、突然日本人が来て「義勇兵になりたい」などと言われても困るだろう。このときは、日本からあらかじめ連絡をしていたので、その旨は了解済みだった。それでも私たちの英語力が不足していたため、込み入った内容になると話が進まなかったのだ。やむを得ず、相手側もしばらくこちらの様子を見てから判断するということになった。

ゲストハウスの中を見回すと、まだ年末の「新年」を祝うお祭りの飾りなどが残されていた。カレンでは、ほとんどの者がカトリック教徒なのでクリスマスに新年祭を祝うのだ。そういえば後で分かったのだが、ここの住民は敬虔なカトリックであるために、表向きは誰も酒を飲まないことになっている。しかも、一日の食事は二食と決まっていた。だから、特に朝食という習慣はない。その代わり、起きがけにミルクたっぷりの甘い紅茶を飲む。

次の日になっても、その次の日になっても、将軍からは何の返事もない。食事はゲストハウスで来客用の物を出してくれるのだが、警備の兵士が付いていて自由に外出も出来ないし、建物の中で暇をもてあますしかなかった。私たちは事実上、「イミグレーション」の許可をもらえないままだったのである。

そんな状態が三日を過ぎた頃、とうとう痺れを切らした私はいったん日本に戻ることにした。なぜなら、KNU広報担当に聞いたら、「後一週間は待て」などと言われたからだ。私としては、そんなにここで待つのは苦痛でしかたなかった。また、伊藤氏と共にそのような行動をすることにも疑問を感じていた。それもあるし、また出直して下準備を整えてからまた来ようと考えていたのだ。そして、四日目の午後に伊藤氏をカレンに残したまま、私ひとりだけ日本に戻ったのだ。

●帰国し出直し出発

日本に戻ってからの私は、二週間ほど右翼関係者のアパートに転がり込んだ。その間に私は、カレン民族関連でコネのある人に紹介状を書いてもらった。また、後述する傭兵の西川氏にも協力を依頼して、現地の情報を提供してもらっていた。ある程度準備を整えた私は、今度こそ義勇兵として参戦すべくタイに入国した。前回と違い、今度はメーソッドという国境の街からビルマへ越境することにした。

バンコクから夜行バスに乗って、メーソッドまで一二時間ほど走らなければならない。このバスは、一般の買い物客や帰省の学生などで賑わっている。私はそのなかに混ざっていた。サービスのつもりなのだろうがバスのなかは、冷房がガンガンに効いて長時間乗っていると風邪を引きそうになるくらい寒い。夜行だからだろうか、乗客に車内食のサンドイッチと小さなオレンジが配られる。しばらく揺られていると、県境に来てバスは停車した。何かと思っていると、警官が入ってきて臨検を始めたのだ。これは別に驚くほどのことではなく、形式的なもので一通り乗客の顔ぶれを確認するとそのまま出て行った。密輸とかそんな物を警戒してのことだろうが、それほど徹底していない。再び発進すると、車内も明かりを必要最小限に灯して暗くする。深夜のバスである。私はそのまま眠りについた。

目が覚めると、すでにメーソッドの手前まで来ていた。私は終点のバスターミナルで降りると、すぐ街のホテルに入る。そこから、あらかじめ指定されていた人物のところに連絡を入れたのだ。その人物とは、街の郊外に在住している元日本兵であった。次の日、私はその元日本兵の家に行くと、彼と彼の家族は快く迎えてくれた。彼は、当時で六〇を越した歳になっていただろうか、その割には健康そうで若々しかった。第二次大戦が終わりを告げても日本に帰らずにビルマに残り、カレン民族の解放闘争のために戦った、最初の日本人「義勇兵」の生き残りであった。その後、現地人の女性と結婚して、タイ領内に引っ越して老後を静かにおくっている。そんな彼も、私と世間話をすると故郷の野山を懐かしそうに語っていた。おそらく彼にとって、私は久しぶりに会う日本人なのだろう。私に、「死ぬ前にもう一度、故郷の桜を見てみたい」と、そんなことまでこぼしていたのを覚えている。

さっそく彼の口利きで、タイ領内に自宅を持っているKNU幹部に引き合わせてもらうことが出来た。やはり、六〇代くらいの恰幅良く太ったカレン人である。この太ったKNU幹部は、元日本兵の「お爺さん」には何かと世話になっているらしく、頼まれると嫌とは言えないらしかった。そこで、私の「義勇兵志願」の話を出したのだ。このKNU幹部は、もう歳なのであまりカレン領内には行かないらしかった。しかし、彼の家族は大勢一緒に住んでいるので、大所帯の立派な屋敷を構えている。そんなKNU幹部も、元日本兵の「上官命令」には逆らえないと見えてか、しぶしぶ私をカレン領内に送り届ける手配をしてくれたのだ。

●再度、コートレイの地へ

デコボコ道の悪路を軽トラックの荷台に揺られること約二時間、おそらく、かなり回り道をしたと思う。そして、サルウィン河をボートで遡って一時間弱かかり、再びコートレイの地、マナプロウに着いた。

最初訪れたとき、私が宿泊したゲストハウスに立ち寄ってみる。だがそこには、もう伊藤氏の姿はなかった。ハウスの管理人に尋ねると、彼は一週間前に別のキャンプに移動したとのことである。私は、「ならば自分もそこに行きたい」と伝えるのだが、「その前に、ヴァ・モウ将軍に会いに行け。そこで配属先を決めるだろう」と指示される。前回と比べて急な話の展開に、私はなんだか理由がよく分からないまま付き添いの兵士に案内されると、総司令部に出頭することになったのだ。

司令部の兵舎まで歩いていく途中に、何人かＫＮＬＡの兵士を見かけた。そのとき漠然と感じたのだが、前に来たときよりも人の動きが慌しいように見える。中庭では、女性兵士たちも銃を肩にかけて部隊訓練している様子が見えた。少年兵たちは近くの塹壕を掘り直していた。ただ、当時の私には、すべてが初めての体験だったので「そんなものかなあ」という印象しかなかった。後になっていろいろな資料をもとに検証してみると、あの頃は乾季に入り、気候的にも過ごしやすくなる時期である。敵の攻勢に備えるための戦闘準備だったのだろう。そう観ると、ある意味私は、「ちょうど良い時期」にコートレイに来たことになる。

総司令部の兵舎といっても、チーク材と竹で出来た木造平屋建てだ。屋根は、バナナの葉を葺《ふ》いて作られていた。そこに入ると事務室がある。何人もの男女がタイプを打ったり、机に広げた地図に向かって討議している姿を見た。おそらく、ここはビルマ軍事政権に抵抗する、辺境諸民族の連合体・国民民主戦線（ＮＤＦ）の司令部もかねていたのだろうと思う。カレン人以外にも、カチン族の制服を着た者もいれば、頭にターバンを巻いたインド人風の者までいる。常に忙しそうに人が行き交っていた。私は、その奥の部屋に入った。そこが将軍の執務室である。

部屋に入ると、そこには五〇代の小太りではあるが、体躯のしっかりした男性が椅子に腰掛けていた。にっこりと笑った顔は、「気さくなおじさん」という感じなのだが、「ここで闘いたいのか？」と聞いてくる彼の眼は、まさに鋭い眼光を放つ戦士のものだった。

私はというと、あまり英語が達者ではなかったので、短く端的に自分の意向だけ話すと、彼も多くは語り掛けはしなかった。ただその間、ずっと私の眼から視線を逸らすことはなく、私も彼と睨み合うように互いの真意を量っていた。私は、一緒に参加した伊藤氏の所在を尋ねたが、それについては教えてくれなかった。どうやら、別々に引き離して様子を見ようとしているらしい。

「では、お前は〇〇の大隊に行け」。そう将軍は伝えると、事務所の方に「仕事があるから」と言って私を促すように一緒に部屋を出ていく。その夜のうちに、私は荷物をまとめて配属先の部隊に移動した。そこは、総司令部からそれほど離れていない場所に位置する兵舎だった。私が着いたときには、三〇畳ほどの広さの木造小屋にほとんど人がいなく、ガランとしていた。留守番の少年兵二人は、どちらも無邪気に話かけてきた。カレン語では何を喋っているのか分からない。「ニラヴェ・ワラヴェー！（こんにちわ）」。そんな挨拶くらいしか分からない。

驚いたことに、どう見ても一〇歳くらいの子供が葉巻タバコを吸っている。ここでは当たり前のようだった。しかし、周りをよく見ると外には、見るからに兵隊ではないと思われる男性たちが数人たむろしていた。私は、指をさして「彼らは何者だ？」と身振り手振りで尋ねてみると、「バァーマ、バァーマ・スチューデント！」と吹き出し笑いで答える。つまり、その者たちは、ビルマ人学生で民主化運動に関わっている者たちであった。ビルマ人は、学生のみならず大学教員・知識人など、多くの人々が軍事政権の追及からカレン族解放区に逃れて来ていた。

そして、このマナプロウには、ビルマ民主化戦線（DAN）、ビルマ全国学生防衛戦線（ABSDF）が本部を置いていたのだ。ABSDFの組織力は形式的で、そのほとんどはKNLAの傘下にある。だから、私が配属されたこの大隊にも民主派ビルマ学生がいるのだ。

大隊の主力は、キャプテン（大隊長）と共にジャングルへ偵察に出ているとのことで、キャンプに戻るのは翌日だと聞いた。そんな訳で私は、日がな一日、この少年兵やビルマ学生と時間を潰していたのである。わずかの間だが、彼らとの交流で感じたことは、多くのＫＮＬＡ兵士は学歴も教養もないが戦闘のことになると驚くほど感の良い動きをする。それに比べて、ビルマ民主派学生は、そういうカレン人を見下し気味に冷めた目で見ている。が、いくら読書が好きでアジ演説が得意でも、実際に銃を持って構える姿は「屁っ放り腰」そのままだ。そんな戦闘訓練の姿は、ＫＮＬＡ兵士から見れば嘲笑の的になってしまう。要は、闘う場所に合ったスタイルというものがあると思うのだ。

例えば、街頭に立って大衆を動員するような組織運動になれば、ビルマ民主派学生のようなスタイルが適しているだろう。それに比べると、ジャングルでのゲリラ戦を担う軍事組織としての闘い方は、ＫＮＬＡ兵士でなければ出来ないことなのだ。だから、どっちが優れているか、そうでないかという話ではない。

翌日の朝、大隊主力が数日間の偵察任務から戻ってきた。戻ってきたのは、全部で三〇名はいたかと思う。みんな長旅の後のようにやつれて疲れていたが、負傷者は一人もいないようだ。キャプテンと挨拶を交わす。まだ、三〇代そこそこの痩せ型で精悍な顔つきの物静かな男だ。彼の頭には、イギリス軍のコマンドが被るようなひさしの折れた野戦帽に、ＫＮＬＡの金色の帽章が光っていた。

私は、彼に自己紹介もかねて、自分の目的や自衛隊にいたときの専門職などを大まかに語った。キャプテンは、私が「砲兵の部隊」にいたと聞くと、「ふんふん」と頷くのだが、「ここには大砲はない」と答えるのみである。

その晩、キャプテンや大隊の主だったメンバーで夕食を共にした。みんなが食卓について、グラスを手に乾杯を交わした直後、いきなり発電機がガス欠になり停電になってしまった。私たちは真っ暗のなか、蝋燭の小さな明かりだけでせっかくのご馳走が見えなくて残念な思いをしていた。すると、いきなり「喰え！」と誰かから差し出された肉の塊を手にとって、私は口に運んだ。最初は、「骨付きカルビ」かと思ったそれは、妙に肉が薄く骨が大きい。思い切って強くかんでみると「グシャッ」と骨が割れて、中から肉汁がにじむ感触がした。何か変だと思って、口から離したそれを蝋燭の明かりの近くに照らしてよく見たら、何とそれは、アヒルの頭だったのである。これには驚いた。「骨の部分」だと思って手に持っていたのは、「クチバシ」だった。

「ゲッ、何だこりゃ」。思わず顔をしかめて叫んでしまった。私にそれを勧めた奴は、例の昼間のビルマ人だった。彼は、「してやったり！」という感じで悪戯っぽく笑っている。かなり酔っ払っていた。それを見て、同席したキャプテンは「申し訳ない」と私に謝ってきた。「彼はクレイジーだから……」と言って釈明している。確かに、「アヒルの頭」は、こちらでは御馳走なのだが、いきなり外国人に勧める代物ではない。実際、こんなところでも都会慣れした「ビルマ知識人」のブラック・ジョークと、品格を重んじるカレン将校たちとの常識の違いを感じるのであった。

●取材に来た外国人ジャーナリスト

翌朝になると今度は、「別の偵察隊から戻ってきた日本人兵士が来る」とキャプテンから聞いていた。誰だろう。伊藤氏かと思った。だが、大隊のキャンプに姿を現した人物は別人だった。その日本人のことは、それまでにも日本のミリタリー雑誌に写真が出ていたので、顔くらいは知っていた。

Aである。Aは、日本人にしては長身で痩せ型、眼鏡をかけているところなど見た目はひ弱そうに感じる。彼と久しぶりの日本語で挨拶するが、どうも得体の知れない人物だった。実はこの後、私は大隊のキャプテンの部隊が再び偵察任務で最前線に行くというので、彼らと一緒に行動することになっていた。そのことをAに話すと、「それはやめたほうがいい」と言う。まだ、こちらに来たばかりで、ジャングルのこともゲリラ戦訓練も受けていない私が同行することは、大隊の偵察任務にとって足手まといになると言うのだ。私もそのことについては、かなり不安もあったのでAの指摘を受け入れた。そのことをキャプテンに話すと、「それもそうだ」とあっさり受理される。結局、私はAと一緒にいったん、もとのゲストハウスに引き上げたのだ。

ここで、この時期のKNLAの軍事情況について触れておきたい。

ビルマは、雨季が明けるとそれまで雨でぬかるんでいた地面も乾き、一月頃には晴天が続くようになる。その季節の変わり目に合わせるように、それまで陣地戦で睨み合っていたカレン—ビルマ両軍の活動が活発になる。私の到着した時期は、ちょうどビルマ政府軍が攻勢に転じる直前であった。KNLAは、その情報を察知して前線付近や、そこからさらにビルマ領内に入った村々に偵察隊を頻繁に出していた。そして、どうやら敵の動きの変化を確認し、迎撃体制を着々と準備している段階だったのだ。

ゲストハウスに戻ると、そこは欧米から取材に来ていたジャーナリストたちの「詰所」になっていた。彼らは、やはりどこから情報を入手したのか、ビルマ辺境の民族紛争が激化する時期を取材するために訪れていたのだ。欧米からの記者のなかには、KNLAの偵察隊に同行して取材をしようとした者がいた。ところが、いざ一緒に行動する段階になって、そのあまりにも過酷なジャングル行軍に着いて行けず、脱落して途中から逃げて帰って来た者すらいた。だから、ジャングルでのゲリラ戦では、たとえジャーナリストであっても、それなりの体力はもちろんだがゲリラ訓練を受けていない者では着いて行くことが出来ない。それどころか、一歩間違うと他の兵士まで危険に晒すことになってしまうのだ。戦闘地域での取材とは、例えどのような場所であっても現場が戦場であることを自覚して、それに応じた知識と力量がない限り生半可な意気込みだけでは不可能なのである。

そのゲストハウスに、私とAは二～三日滞在することになった。各大隊から集められた兵士たちに、迫撃砲操作の訓練をAが行うことになり、その要員が集まるまでの間の待機である。ある晩、私はイギリスから取材に来ているジャーナリストと話をしたら、彼はこんなことを言っていた。「カレン民族には、固有の文化が無い。カレン民族はイギリスの植民地化だった頃にクリスチャンに改宗されて、独自の宗教を捨てた。生活様式も、今や外国から入ってきた『便利な物』に依存している」。

しかし、カレン民族の民族舞踊を見ても、また、特徴のある高床式の木造家屋などは、明らかに独特の文化である。そんなことを私は、彼と酒を酌み交わしながら反論していたことを思い出す。

●日本人訓練教官のシゴキ

準備が整ったようだ。朝の甘い紅茶を飲みながら、硬いビスケットのようなパンを頬張っている私のところにAが来て言う。

「すぐに荷物をまとめろ。移動するぞ！」

彼は、すでに初めて会ったときの遠慮はない。いつの間にか先輩面して命令口調になっていた。仕方がない。成り行き上とはいえ、私は彼から訓練を受けることになってしまった。つまり彼は、私の「訓練教官」なのだ。

私は、そそくさと彼の後に付いて、他のKNLA訓練生たちが集合している兵舎に向かった。そこは、総司令部の広い中庭を突っ切って行った高台にあり、前回のときとはまた別の大隊が駐屯している場所だ。そのグラウンドの隅に大きな木造高床式の兵舎があった。カレン民族の家屋が高床式なのは、雨季に入ると雨水が濁流のように地面を流れ出すので、浸水を避けるためだと聞かされた。

兵舎に入ると、二〇人ほどのKNLA兵士が待っていた。みんな、日本人であるAが教官になることに、それほど驚きは無いようである。後で知ったが、KNLAには年に何回かAの他にもフランス人やアメリカ人、ドイツ人までもが義勇兵として、軍事訓練をKNLA兵士たちに施しているのだ。むしろ兵士たちが驚いたのは、私に対してであった。日本人の私は、彼らからすれば、てっきり教官の一人だろうと思ったらしい。ところが、「こいつも、訓練生だ！」と聞いて意外に思ったのだろう。

さっそく、私にも銃が貸与された。中国製AKM突撃銃である。基本は「クラシンコフ」だが、金属製のストックが中折れ式になっているタイプである。もちろんだが、訓練中は実弾の支給はない。それでも、ひとたび訓練が始まると、教官のAから「片時も銃を体から離すな！」と厳命が下る。そんなことを言われても、ついうっかりしてしまうものだ。ある兵士は、その日の訓練が終わった後、銃を兵舎に置いたままトイレに行ってしまった。それがAに見つかったのである。私たちと同じ兵舎に泊まっているAは、いち早く持ち主のいない銃を発見したのだ。

「この銃の持ち主はどこに行った？」。大声で怒鳴る。

「トイレット！」。誰かが小声で答える。

やがて持ち主が戻ってくると、彼の銃が消えている。彼自身が銃を置いた位置にないのだ。もちろん、「消える」訳がない。Aが隠してしまった。銃のないことに何となく気付いた兵士もバツが悪いのか、何事もないかのような素振りをしながら何かを探しているようす。

「おい、お前の銃はどこへ行った」

Aが、わざとらしく尋ねてくる。言われた兵士は、「はっ」としてその一言にようやく事態を飲み込んだようであった。即座にAに歩み寄ると、「すみません。銃が無くなりました」と言いにくそうに申告する。

「これは何だ」

演技たっぷりに、嫌みったらしく低い声で問いかけるAは、自分のベッドの下からM－16ライフルを取り出して彼の目の前に掲げる。うつむく兵士。

周りにいる他の兵士たちは、黙ってみている者もいればクスクス笑う者もいる。するとAは、ひときわ大きな声で周囲の兵士たち全員に、「お前ら、他人事だと思うな。これが、もし前線だったらどうするんだ。敵に武器を奪われるんだぞ！」と檄を飛ばす。この、もっともらしいAの言葉に「あれ、こいつこんなことまで言えるんだ」などと私は思った。だがいきなり、「これは、お前たち全体の責任だ。全員、外に出てプッシュアップ（腕立て伏せ）をやれ」と言い出した。みんなは、「ダダァー」と一斉に外に出ると、プッシュアップの姿勢になる。「いいかー、銃を絶対に地面につけるなよー」と怒鳴る。私たち兵士は、両手の甲に銃を乗せて少しも地面につけないようにしながら、許可が下りるまでプッシュアップをする羽目になったのである。

ある日の訓練で格闘技を行った。ちょっとコツさえ掴めば、誰でも出来るような初歩的なものからはじめた。兵士たちを並ばせ、Aは自慢げに言う。「ジェントルマン！　訓練された兵士は、三秒で敵を殺すことが出来る。お前らに出来るか？」。正直、私は少々うんざりしながら聞き流していた。この手のハッタリは、よくアメリカの戦争映画などで「訓練教官」役の台詞で使うスラッグだ。そう思っていたら案の定、私たちのなかから、一番体格のよさそうな者を選ぶと、「俺の腕を掴んでみろ」とAが言う。何も知らない兵士は、言われたように何となくAの腕を掴もうとした。すると、掴もうとする兵士の腕を別の手で受けると、手首をひねって間接技を決めてしまった。「どうだ、参ったか」と勝ち誇ったように笑うA。ちょっと彼の教え方にも「参ってしまった」が、技の基本形を何も教えないうちから唐突に「技賭けなんてするなよ」と思ってしまう。このときはAもまだ若かったし、他の兵士たちに「なめられたらいかん」とでも考えてのことなのだろう。だが、基本的には意地の悪い奴であった。

ランニングのときは面白かった。カレン語の「掛け声」でみんな走るので、意味の分らない私は「クチパク」しながら初めのうちは合わせていた。それでも、毎回やっていれば少しは覚える。やはり、ここでも自衛隊のときみたいに「歩調数え」で全員が声を発する。「タァ、キィ、タ、リィ、(いち、に、さん、し)、タァ、キィ、タ、リィ、(いち、に、さん、し)」そんなことで、カレン語の「数」だけは、ランニングをしながら覚えたようなものである。

日本から比べるとこの土地に気候は、むちゃくちゃ暑い。日中で四〇度近くまで上がるのだ。昼間の訓練でばてた体が、夜になって急に気温が下がると本当にこたえる。ビルマは赤道に近い緯度である。乾季だと空気が乾燥しているためか、夜間にはセーターを着なくてはならないほど寒く感じる。

私が肝を冷やした訓練が着弾訓練であった。これは実際に、実弾を使った機関銃で兵士の足元を射撃する。簡単に言うと、凹凸のある地形を使って敵に突っ込む訓練なのだが、その前方には教官が軽機関銃で「ドドドドド」と連射してくる。そんな調子で、実弾を足元に撃ち込まれるなか、私たちは一人ずつその地形を突破しなくてはならなかった。これは、説明だけ聞いているとものすごく簡単なことに思える。しかし、やってみるとこれが怖いのだ。

さすがに、KNLA兵士たちは初め怖がっていた者も、射撃が止んだ一瞬を見計らって一気に駆け出すタイミングを掴んでしまう。それが私などは、生まれて初めて実弾を足元に撃たれたのだ。このときの体験ほどびっくりしたことはない。そして、いざ私の番になると、途中の窪地までなら何とか走り抜けることが出来た。しかし、そこからが大変である。すぐ傍の水溜りに弾丸が当たる。すると水柱が「バシッ、バシッ、バシッ」と高く跳ねるのだ。それを見ただけで足がすくむ。Aも悪ふざけのつもりか、私のときだけ間隔を長く射撃しているようだ。おかげで飛び出すタイミングが掴めず動けない。高台の上から、ヘラヘラ笑いながら撃っているのが見える。悔しくてムカついた。

すると、私の後の番の兵士が飛び出してきた。私が身をすくめている窪地に駆け寄って来て、「オレについて来い」と言う。なるほど、彼がタイミングを見計らって、飛び出す瞬間を教えようとしてくれたのである。ようやく私は、その兵士のおかげでひとつの関門を突破することが出来た。後で彼にお礼を述べたら、「ああ、あれか」と言われてしまった。実は、私がグズグズしていたら、後の者がつかえて訓練が早く終わらないと思ったのだそうだ。「何だそうか」と、ちょっと感謝の気持ちが冷めたような感じだった。

●ゲリラ戦訓練の卒業

私たちが、野外で戦闘フォーメーションの訓練をしていたときであった。遠くの方から、「ゴォ〜」という低音が近づいて来るのが聞こえた。「プロペラ機の音だ！」、そう思った。気付くと、他の兵士たちもみんな空を見ている。すると、山の端から双発の飛行機が飛んでくるのが見える。

「カンカンカンカン」、どこかで警戒の鐘を叩く音がする。「バンカーに隠れろー」とAが指示する。兵士たちは一斉に付近の塹壕に入って、人影を上空から見せないようにした。兵舎のなかの者も慌てて外の塹壕に飛び込む。上空の双発機は、どうやらビルマ軍が偵察に来たようだ。マナプロウの上空を何度か旋回しながら、南の方角に飛び去っていった。「これはいよいよ、戦闘が近くなってきたぞ」と思ったが、私は「戦闘」というものがどのようなものになるのか、皆目見当も付かないでいたのだ。

それからというもの、私たちが偵察訓練や射撃訓練を行っている最中に、何度かコートレイの上空をビルマ軍のヘリコプターや飛行機が飛来するようになっていた。その度に、木陰のなかに隠れたり、穴ぼこに入ったりしながら、なるべく部隊行動を悟られないようにしているのである。

訓練期間の二週間が近づいてくると、いよいよ実戦的な模擬戦闘や爆薬を使った訓練などが行われた。情況が切迫してきたのである。本来なら、もう一週間は訓練が必要であったが、早めに繰り上げられていった。迫撃砲の操作も、ほとんど実技よりも筆記試験のようなものになってしまった。そんなこんなするうちに、あっという間に卒業を迎えた私たちは、Aから「コングラッチュレイション！（おめでとう）」などと言われて訓練を終了したのだ。

訓練終了と共に私たち兵士には、わずか一日間の休養が与えられた。兵士たちは、家族の元に帰ったり親戚の家に泊まったりと短い休みをすごした。その晩は、総司令部の中庭に大きな白いスクリーン布を張って、映画の上映を楽しんだ。近所の村人、また子供たちも呼んだ兵士や家族たちの憩いの場になったのだ。さすがにカレン民族の宗教は、カトリック・クリスチャンだけに飲酒は禁止。ジュースやお菓子などがKNU政治部から振るまわれた。

だが、そんなときでもなかには抜け目の無い兵士がいて、こっそりと米で作った密造酒などをボトルで持ってきている。私と数名の兵士たちは、隅の木陰に隠れて酒を回し飲みしながら、互いにそれぞれの夢を語り合った。兵士のなかには、絵の得意な者もいて私に、自分が描いた絵を見せてくれた。「なんだよ、女の子の絵ばっかりじゃん！」などと、思わず言ってしまうくらい普段は硬派な奴が意外な一面を見せたりする。

そうかと思えば、何故か「菊池桃子もファンだ！」などと言う奴もいる。おそらく、街に遊びに行ったときにでも知ったのだろう。タイにも雑誌やプロマイドが出回っているようだった。また、「俺は、コックになるんだ」などと言う奴もいる。あの頃、みんないろんな夢や希望を持った若者たちだった。明日は、とうとう出撃である。

●ビルマ軍と対峙する最前線へ

その朝、私は遅く起きた。Aは、早朝から本部に呼ばれていて兵舎にはいない。他の兵士たちもすでに出払ってしまった。出発は、昼過ぎだと聞いている。私は、ちょっと挨拶も兼ねてゲストハウスに出掛けた。そこでは、私のような日本人や外国のジャーナリストも含め、外来の客人の世話をする接待係とその助手が働いている。彼らはビルマ人難民であった。そのビルマ人接待係は、元はヤンゴンの高級ホテルの調理人として働いていたのだが、民主化運動のデモに参加したという容疑で逮捕されそうになったそうだ。彼は仕方なく家族を置いたまま、このカレン解放区に逃げてきたのだ。私が初めてカレンに来たときにいろいろとお世話になったのも、この接待係である。そんなこともあって、それからも訓練中などたまに遊びに行っては、私のつまらない愚痴を聞いてもらっていたものだ。だから、せめて出撃前には挨拶しようと思っていた。

ハウスに着くと、接待係の男は買い物に行って留守であった。ちょっと残念だったが、その助手である一〇歳くらいの少年がいたので、彼にしばしの別れを告げた。私は瓶入りのスプライトを一本買うと、助手にグラスを一個持って来させた。彼のコップにスプライトを注ごうとした。しかし、彼は何も言わずに首を横に振って、グラスを机に置くと「ノーサンキュー」と片言で断ってきたのだ。とくに「みずさかずき」のつもりではなかったが、私もなんだか拍子抜けし、独りでジュースを飲みながら言った。「I sure come back here.（必ずここに戻ってくる）」。私の拙い英語なので気の聞いた言い回しは出来ないが、何とか通じたのだろうか、少年は真顔で「Ｙｅｓ」とだけ答えていた。

挨拶もそこそこに、私が兵舎に戻ってみると残っていた他の兵士たちは、もう荷物をまとめて出発した後だった。すると、Ａが私を探しに来て出発まで時間がないことを知らせる。慌てて私は荷物をまとめると、すぐさま船着場に駆け下りる。そこには、続々と兵士たちが集結していた。家族が見送りに来ている者さえいた。みんな緊張の面持ちである。私がその様子を写真に収めようとしてカメラを向けると、どの兵士も一様にそれを拒む。理由を聞いても、なかなか答えないで遠ざかろうとする。するとそこに、私と一緒に訓練を受けた兵士が小声で、「彼らは写真を撮られると、スピリット（霊魂）を抜き取られると信じているんだ」と教えてくれた。それでも、普段何でもないときは、平気でカメラの前でピースサインなどを出すくせに、こういうときはしっかりゲンを担いでしまうのだろう。

なるほど、本来カレン民族などビルマに点在する民族集団は、「キリスト教や仏教を信仰する以前、精霊崇拝を信仰していた」と何かの本で読んだことがある。確かに私でも、もしかしたら「死ぬかも知れない」最前線に出撃するときになったら、神様、仏様、イエス様、アラー様、何でもいいからすがりたくなる気持ちになる。ちょっとしたゲンを担ぎたい気持ちも分かる。

そんなことを考えているうちに、私たちもボートに乗り込む。二〇人乗りのボートに兵士たちがそれぞれに別れて乗り込んでゆく。ざっと見回しただけで、二〇艘くらいのボートであろう。その他にも折り返してきたのか、上流からボートが下ってくる。ガヤガヤとかなり慌ただしいなか、それぞれ兵士たちを乗せたボートの一団が上流の集結地へと出発した。Aによると、すでに先発の部隊は早朝のうちにマナプロウを出発したそうである。そう考えると、我々は増援部隊ということになるのだろうか。それ以上聞く状態ではなかった。

ボートは、サルウィン河の流れに逆らって走る。水の流れを引き裂いていくように水飛沫が顔にかかる。だが、兵士たちは河沿いの岸に警戒心を集中させ、それを拭うどころではない。三〜四〇分くらいで上流の補給基地、ティムタに着いた。そこは、マナプロウの陣地とは違って船着場から崖の上の建物が丸見えになっている。その裏手はすぐに山になっていた。

我々兵士たちは、岸に上陸するとすぐ、鼻につく匂いに気が付いた。何か焼ける匂いに混じって、かすかに硝煙の匂いも漂ってくる。これが戦場の匂いなのか。山の方角からは、遠くに機関銃の連射音や何かの爆発音も聞こえた。すでに戦闘は始まりつつあるのだ。

●山地行軍での失敗

先に前線で戦闘状態に入っているのは、KNLA歩兵一個大隊とABSDF二個大隊であった。ABSDFは、ビルマ学生個々人レベルでの士気ならカレン人にも負けず劣らずである。しかし、組織的な戦闘ではまったくの素人であった。彼らは、わずかなダメージでも全体の統制が取れなくなってしまうようだ。防衛線は、かなり苦戦を強いられていると聞いた。しかし、それでもKNLAにとっては計算の上であったのだ。後から送る増援のKNLA精鋭部隊と入れ替えで、ABSDFの負傷兵は後方に下げる算段だったからだ。

さて、増援部隊である我々は、ティムタの建物には立ち寄らず、山の中腹にある広場に集合した。そこでは、二〇〇人近い兵士たちが各小隊・分隊単位に編成替えを終えて、弾薬の補給を受けている。私も弾丸の補給を受けた。胸に着けたAKの弾倉入れは三〇発入り一個が四つ入る。さらに銃に一個着けると、それだけでもかなりの重量だ。その上、糧秣としての米を細長い布袋に入れたものを、右肩からタスキのようにして掛ける。こんなものでも多少は弾除けになる。また、一〇七ミリ迫撃砲の砲弾も、それぞれ一発ずつ筒のケースごと兵士が運ばなくてはならない。これでかなり重くなる。食料弾薬など輸送手段が限られているので、なるべく兵士個人に分担して運ばせるつもりなのだろう。

ここで、私は大失敗してしまったのだ。個人携帯分の荷物が、予想以上の重量になることを考えていなかった。また、あえて言い訳をすれば、本来なら実戦参加の前に個人の背嚢に入っている余分な荷物をあらかじめ抜き出して、どこかに預けて置けばよかったのである。だが、あまりの急な展開に正直、ついて行くのが精一杯で荷物のことまで頭が回らなかった。これは、「新兵」が犯す初歩的な失態だった。残念なことに、「戦闘前の極度の緊張感」のためか、この段階においてもなお私は、この荷物の問題に気が付かずにいたのである。

部隊は日が暮れるのを待っていた。夜の闇に乗じて、ジャングル山中を移動するつもりだ。すでに夕方になっていたが、我々は集結地点から個人の自由行動は禁止されていた。私の配属は迫撃砲小隊に決まっていた。小隊といっても、迫撃砲は一〇七ミリ砲一門しかない。その装備で隊員は一五名である。半数は迫撃砲の陣地防衛要員になった。Aも私と同じく、そのなかでオブザーバーとして参加している。集結地では、未だ兵士たちが出発の合図を待っているところに、司令部でのミーティングから戻ってきた若い小隊長が、伝達事項を各隊員たちに伝える。

「情況は今のところ膠着している。偵察隊からの情報では、敵ビルマ軍の規模は兵員約七〇〇〜八〇〇。輸送車や軽火砲、機関銃を装備しているとのこと。それを迎え撃つ我が方の兵力は、四〇〇にも満たない……」

そこまで聞いて一同、ため息をつく者や地面につばを吐く者、無表情な者など様々である。そして、「だが、我々は運がいい。敵は、ここら辺の急斜面の山岳地とジャングルに阻まれて輸送車や火砲は後方だ。さらに、我々は地の利を熟知している。この山地は、カレンの庭だ！」と言う。もちろん、ここまでは英語に訳してもらった。最後に「ラッキー・チャンス」を聞いて、一同の顔に安堵の表情が戻った。Aも、「同じジャングル戦でも、ベトナム戦争に例えると俺たちはベトコンみたいなものだ。絶対勝つ！」などと、まるで自分自身に言い聞かせるように呟いている。

「ピィィィィー」。ホイッスルの合図がした。出発である。私たちはそれぞれの荷物を背負う。他の兵士たちは、みな軽装であった。でかい背嚢など背負っているのは私だけである。ふとそのときになって、私の肩に食い込む重量に一抹の不安を覚えた。それでも、それほどの距離でなければ何とか歩けるだろうと思い、高を括ってしまったのだ。各部隊は一列の行軍となって、山中に分け入って行く。私には、まだ緊張とヘモグロビン分泌のため荷物の重量を我慢できたが、おそらく全部で三〇キログラムは超えていただろう。戦場の兵士が背負う荷物の重さからいうと、これは異常であった。こんな状態で、もし敵と遭遇すれば身をかわすとしても、かなり緩慢な動作になってしまう。ましてや、例え走れたとしても、すぐに体力を使い切ってしまうだろう。私は、この段階に来てようやく自分の選択の過ちに気が付いたのだが、今からではもう遅すぎる。そのまま行くしかなかったのだ。

「後悔先に立たず」とは、このことであった。山道は細く険しく、急な登り斜面であった。しかも、平和な日本での登山とは訳が違う。戦闘行動中の山岳行である。隊列は黙々と早足で進む。初めのうちは気合でカバーしていた私も、段々と足元がふらついてきた。全身からは、手にしている銃が錆びるのではないかと思うほど、塩分を含む汗が滝のように滴り落ちてくる。夜中になっているので、真っ暗闇のなか足元がよく見えない。背嚢の重さで腰が痛くなってくる。「もう、限界だ……」、そう思った瞬間、「ズルッ」、ぬかるんでいる地面に足が滑った。体が前のめりに倒れ込む。両手に銃を持ったまま両肘を地面についた。「ガツッ」と、顔面に銃の金属部が当ったことに気が付いたのは、体を起こしたときに生暖かい液体が、自分の銃にこびり付いていることを確認してからだった。「こりゃダメだ！」。思わず呟いた。鼻からボタボタと落ちる血が、自分の銃や服に垂れてくるのを見ると、それまで張り詰めていた気負いが抜けてしまった。と同時に、「ここで隊列の行進を妨げては迷惑になる」と思い、私はわき道に逸れると「しばらく休憩してから、後ろから追いつこう」としたのである。次々と目の前を通り過ぎる兵士たちを見送りながら、私は木の幹の陰に腰掛けながら小休止をしていた。

突然、座っている私を見つけた別部隊の将校が、押し殺したような声で文句を言ってくる。隠密行動でなければ多分、怒鳴りつけられたのであろう。だが、私にはカレン語が分からない。向こうもすぐに私が外国人だと分かると、語気を和らげて何をしているか尋ねてきたので、それに答える。結局私は、彼らに付き添われて部隊の後を追うことになる。まったく、このときほど恥ずかしかったことはなかった。

ようやく、自分の部隊に追いついた頃には、すでに他の兵士たちは陣地で休憩しているときだった。私は、小隊長とAに侘びをいれると自分も配置に付こうとした。するとAが、「まったく、これじゃあ伊藤と同じだなあ！」などと言ってくる。私も自ら招いた失態だったのでとくに反論も出来なかったが、そこでついぞ忘れていた伊藤氏の所在が気になった。

「伊藤さんは、どこに配属されたんですか」

Aに聞いてみた。しかし、彼も知らなかったが、無線では彼の様子もときどき入ってきているらしかった。彼も、何やらヘマをやらかしたようだ。

「まあ、しょせん右翼繋がりですから。しょうもないですねえ」

私は自分のこともあるので、いささか自虐的におどけて見せた。

「フンッ」

Aは、鼻息で笑うだけであった。

●初めての戦闘経験

迫撃砲陣地では、他の兵士たちが砲の組み立てを終えていた。行軍の最後尾からヘロヘロになって戻ってきた私を見て、みんなは「どうしたんだ」という顔をしていた。それもそのはず、鼻から垂れた血が自分の服や腕にべっとり付いていたからだ。「いやあ、スリップダウンしちゃって……」とバツの悪い返事しか出来ない。その晩はもう疲れきっていたので泥のように眠った。

翌早朝、明るくなって目が覚めると、銃声が散発的にするだけでそれほど情況は進展していないようだった。小隊長やA、そして他の下士官たちが何やら地図を眺めて話し合っている。話の内容など私にはあまりよく分からなかった。多分、敵の展開情況と射撃目標の設定などで討議していたのだろう。およそ迫撃砲の射程距離一〇〇〇メートル程度では、射撃できる範囲も限定される。敵の陣地は、まだそこまで迫って来ていなかったのだ。

そのうち、前方の歩兵陣地から、増援部隊と交代して戻って来る兵士たちが、私たちの陣地を通過しながらティムタの本部に戻って行く。彼らは、ＡＢＳＤＦの民主派学生の志願兵たちだ。よく見ると服装など、みんな着の身着のままの格好で戦闘服を着ている者は少ない。なかには、背広の上にそのまま装備を着けている者すらいた。それでも彼らは、ここまでよく闘ったと思う。だが、これで後続部隊が巻き返すきっかけをつかめる。彼らのおかげで負傷兵たちを後方に搬送することが出来るのだ。

昼飯どきになると、本部の補給陣地から食事が運ばれてきた。私は何かと思って運ばれてきたポリバケツのなかを覗いて見たら、文庫本くらいの大きさをしたバナナの葉でくるんだ塊がたくさん入っている。それを兵士たちに配っているのだ。私にも配られたので、包んである葉を開いてみた。すると、白いご飯と塩漬けの小魚の塊が入っている。何だか見た目は、日本の熟れ寿司のようだがさすがに発酵はしていない。当たり前だ。こんな猛暑のなかで、発酵した飯など食べられない。普通の飯だった。塩漬けの魚は、おそらく発酵しているだろうが塩辛さが何とも言えなかった。結局、その日一日は何事もなく平穏に終わると思っていたら、そうでもなかったのだ。

夜間になってから、敵味方の攻撃が活発化した。どちらが攻めたか分からないが、この闇夜に紛れて先手を打とうとしているのだろう。小隊長の無線に砲撃準備の指令が本部から届く。距離や方角が指示された。しかし、砲や弾薬はあっても、ちゃんとした測量機材などなかった。コンパスと地図判読のみが頼りである。そして、肝心な迫撃砲にも正確な照準器が付いてない。この迫撃砲も、たぶんブローカーから流れてきた中古品だろう。ではどうやって射角を測るかというと、コンパス定規に錘の付いた糸を垂らして測る単純なものだ。いや、ほとんど目分量と言ってもいい。こんなもので大丈夫なのかと思っていると、Aも首をかしげている。

だが、KNLA兵士たちが何度も実戦で試しているのだから、それなりの確信を持ったコツでもあるのだろうと、彼らの成すままに任せた。とりあえず、射角四五度。最大距離射撃だ。「チャージ・一〇」、フル装薬の指示が出る。いちばん無難な考えだ。弾着地点を地図判読して、そこから目標に合わせて距離、方角を変えていけばよい。私は、弾薬手を任せられた。Aは、射手である。その他には副射手、照準手、弾薬手他二名、下士官二名、小隊長だったと思う。そして、後の兵士は陣地周囲の警戒に当たった。

真っ暗闇のなか、迫撃砲が火を噴いた。その瞬間、カメラのフラッシュのように闇がオレンジ色に照らし出される。兵士たちの動作もシルエットになって写る。だが、弾着はしゃがんでいる私たちには確認できない。小隊長も無線で結果を知らされるしかない。試射の後、急いで地図を広げて確認する。遠方では、先ほどから銃声がけたたましく響いているが、まだまだこちらまでは及びそうもない。再び、距離と方位が指示される。各員、修正に取り掛かる。「チャージ・九、連続射撃」の号令が掛かった。私たち弾薬手は、それまで各弾薬に一〇袋着いていた装薬の束から一袋ずつ外す。「ランニング・ショット（連射）！」の合図で、次々にボンボン撃ち始めた。するとと、前方の山を飛び越えて着弾しているようで、カミナリのような光が、山の木々のシルエットを照らし出す。不謹慎かもしれないが、思わず「打ち上げ花火」のような錯覚になってしまう。

「これが本当に戦争なのだろうか……」という、そんな感じであった。しかし、このときKNLA歩兵部隊が、敵の機関銃射撃によって脅威に晒されているなどと、思いもよらなかった。無線を持つ小隊長は、先ほどからひっきりなしに前線や本部と交信している。敵の攻勢がさらに増して来ているとのことだ。私たちは一旦、射撃をやめて様子を見る。しばらく雑談などしながら、周囲の兵士たちと緊張をほぐしているときであった。

「タタタタ、タタタタァン……」

味方の射撃音かと思った。ひとつ谷を隔てた、対面する山の中腹からチカチカと光が見えた。「敵だ！」。いつの間にか、あんな近くに回り込まれていた。距離にしたら五〇〇メートル以上は離れている。そこから撃ち込まれているのは、間違いなく軽機関銃だった。曳光弾の弾道がときおり見える。下の方の歩兵陣地に撃ち込まれているようだ。まだ相手は、山頂にある迫撃砲陣地に気付いてはいないようだ。運が良いかも知れない。なぜなら、この砲台は視界を広くするために周囲の樹を切り倒して遮蔽物をすべて撤去してある。夜間だから良いものを昼間にあの位置からこちらを眺めたら、おそらく丸見えになっているだろう。射撃測量などまるっきりやらずに陣地構築したので、このような「直接照準」に近い射撃陣地になってしまっている。自衛隊の陣地構築の原則から見ても、まず落第点と言える「丸出し砲台」であった。

「目標、前方の機関銃発射光！」

「距離、五〇〇メートル。チャージ・五」

小隊長がまた叫ぶ。私は、せっせとまた装薬の紐を解いて付け直さなければならない。付け直した弾から射手に渡していく。今から考えると、ほとんど装薬調整だけで射距離を変えていたような気がするほど、照準がいい加減だった。

「発射！」

また、閃光が走る。弾着が光った。カミナリのような音も響く。さらに続けざまに弾を撃ち込む。だが、無線に入ってくる指示は、「もっと近くを撃て」というものに変わってくる。全員にあせりの色が感じられる。敵が近づいて来る。いざとなったら、私たちも砲台を捨てて銃を持って応戦しなければならない。敵と向き合って銃火を交えるのだ。見えない敵を砲撃するのなら、

「花火気分」でいれば良かった。しかし、今度は直接、人間に照準を合わせなければならない。そんな覚悟までしてしまうのだ。

　発射する装薬袋の数も「チャージ・三」まで下げた頃に、小隊長から撤収が指示された。私たちは、砲をそのままにして陣地の前面にある浅めの塹壕に入った。兵士たちは銃を構え、いつでも敵を迎え撃てるような態勢をとったのである。塹壕は、砲台の周囲を楕円形に囲むような形で掘られている。残念ながら、塹壕の深さが大人の腰までしかない。固い地盤に掘ったためもあるが、あまり実用性のあるものには思えない。私はいざとなったら、裏手の林のなかに飛び込むつもりでいた。そこから銃撃を加えようと思ったのだ。待つこと約三〇分、それまで盛んだった銃声が静かになっている。どうやら敵は撤収したらしい。それでも油断は出来なかった。また、いつどこからか迂回して攻め込んでくるか分からないのである。とうとうその夜は、翌朝の日が昇るまで、まんじりともしない警戒態勢を敷いていた。昼間もいつ攻撃されるか分からないので、交代制で仮眠を取った。疲労のため、飯もあまり喉を通らない。

　そんなときにも、ちゃっかり者がいるもので、ポケットから酒の入ったボトルを出して飲んでいる奴がいる。自分だけ飲むならまだしも、他の兵士にまで勧めている。これを見て私は驚いた。戒律で禁止されているとか、そういうレベルの話ではない。ここは戦場で、今は戦闘中なのである。それなのに酒をあおってヘラヘラして、大丈夫なのだろうかと心配になる。そうでなくても私は、不安であった。

むしろ、何も考えずに速攻で敵と銃撃戦に入るのなら、自分の感情を押し殺してでも戦闘状況に没頭できる。しかし、こうやって時間をかけて、じわりじわりと危機感をつのらせる「待機」の間には、いろいろな思考が頭の中を駆け巡るのだ。これから始まろうとしている殺戮のことだけではない。自らの心のなかにある、死の恐怖という「見えない敵」を前にした途端、頭のなかには、家族のこと、友人のこと、仕事のこと、女のこと、食事のこと、借金のこと、様々なことが浮かんではますますそれが増大していくのだ。確かに、「酒でも飲まなければやっていられない」という気持ちも分かる。

カレンでは、「噛み煙草」を常用する人が多い。強烈なニコチンを含んだ木の実をナイフで削り、その削ったものを木の葉で包むと、それを口の中に入れてひたすら噛むのだ。そうすると、木の実のエキスから出されるニコチンが覚醒作用を起こし、「頭がスッキリ」するというのだ。ずっと噛み続けていると、口の中に唾液がたまるので、それを吐き捨てると真っ赤な血のようなエキスの色の唾液が出る。私も一度だけ試したが、頭が痛くなるのでやめた。私などは、日本から持ってきた煙草はとっくの昔に吸い切ってしまった。だから、そのとき吸っていたのが「カレン・メイド」の安物葉巻である。これがまずいのだが慣れてしまった。煙草を吸わないAなどは、ビタミンCキャンディーをなめていた。迫り来る恐怖のなか、それぞれの嗜好品で兵士たちは自分自身に立ち向かっていたのである。

●最前線からの撤退

そのときである。何かが燃える臭いがしてきた。陣地の下のほうから煙が上がってくる。乾燥しきっている周囲の枯れ草に火がまわる。そのうち、「パチパチパチ」と枯れ木や草の燃える音まで聞こえてきた。「火をつけられたか？」、一瞬そう思ったが、その割には火勢が弱い。自然発火か砲弾の落下などによる出火である。燃え方はそんなに強くはないが、煙が立ち昇ってしまい、このままでは遠目からでも目立ってしまう。兵士たちは総出で消火作業にかかる。もちろん、余分な水などない。スコップで土をかぶせて火を消すのだ。その作業だけで陣地内はてんやわんやになってしまった。

兵士の中には、あまりのバカバカしい展開に思わず笑ってしまう者もいる。Aなど、「これでは自衛消防隊だなー」などと訳の分からないことを言っていた。どうにか火も消し終わると、安心したのかみんな座り込んでぐったりしてしまった。

そんなときでも小隊長は、今度は別の側面の山頂を指差して、人影を見つけて「敵が来ている」と言う。もちろん、彼も彼個人の判断で言っているのではない。歩兵部隊から連絡が入っているのだ。そうなると、これはかなり危険な展開になってきた。私たちのいる陣地は、二方向の山頂から確認されていることになる。

「これは危険だ。先ほどの煙でここの陣地が確認された。しかも側面の山は、ここから数百メートルしか離れていない！」

小隊長は情況を判断する。

「これでは、夜を待たずに敵がこちらに攻撃を仕掛けてくるだろう」

誰もが、敵の攻撃を予測できる状態だった。そこで協議した結果、Aが数名の護衛の兵士を連れて山を降りて、ティムタの司令部に後退することになった。そこでAは、私にも山を降りるように勧めた。

そのときである。側面の山の方角から歩兵部隊の救護隊数名が、負傷者を担架に乗せて搬送してきた。そして、私たちの陣地に入ると小休止のため水を求めてきたのだ。彼らは、これから負傷者を基地に連れて行くという。しかし、その負傷した兵士を見ると脇腹に銃創の傷を負い、すでにかなりの出血のようだ。顔はもう、チアノーゼの症状を示している。しきりに水を求めているが意識も定かではない。

「これでは、基地まで持つかな？」。彼の横に屈んで具合をみる私は、そう思いながら自分の水筒を取り出すと彼の口に少しずつ水を運んだ。一口、二口水を飲んだ彼ではあったが、やはり苦しそうである。もともと肌の色が褐色のカレン人なのだが、その顔色が見る間に血の気が引いて、乾燥した土の色と同じになってくる。そのまま彼は意識を失いかけた。それでも歩兵の救護隊は、彼を後方に運ぶべく出発して行ったのだ。

そんな場面を見てしまった後である。小隊の兵士たちも、私に司令部に戻るように勧めた。そんなことを私に言う彼らも、もし自分がこの情況で、「途中から前線を去れ」と言われることが、どんなに心苦しいことか知っている。だから、「どうしても行け」と言うわけではない。それでも、「まだ残って戦いたい」という私の希望は、諦めるしかなかった。かくして、私はAたちとこの迫撃砲陣地を後にすることになった。これまで共に訓練を受け闘った仲間たちと、しばしの別れを告げたのである。

●ビルマ兵捕虜の処刑

私は山を降りる途中、明るい陽の下でその行程を確認したのであるが、かなりの急斜面だった。ましてや、こんなときに敵に襲われたらひとたまりもない。「行きはヨイヨイ、帰りは怖い」とはこのことであろう。ようやく急斜面を降りきって、自分たちがいた山を背に見上げる頃になって突然、立ち退いた陣地の方から銃声が鳴り響いた。

「パンパン、タタタタタン、タタタタタン」

戦闘が始まったのだ。私は、「ああ、たった今別れた仲間たちが、あそこで敵と銃火を交えているのか」という、後ろ髪を引かれる思いがした。だがその反面、「間一髪で助かった！」という正直な本音も出てくる。なんとも複雑な気持ちであった。

司令部の手前まで来ると、妙な光景を見た。数人の男たちが歩いて来る。護衛の兵士がいるが救護隊ではない。捕虜であった。二人の捕虜を挟むように、前後に一名ずつＫＮＬＡ兵士が監視に付いて歩かせているのだ。しかも、その捕虜たちを見て何か変だと思った。彼らは、裸足で尻の破れたパンツ一枚だけの姿。そして両足を鎖でつながれ、両手には手枷がはめられている。ロープを首輪のようにして巻かれて二人繋がれているその姿は、まるで牛馬の家畜であった。排便なども家畜同様、垂れ流しらしい。

その捕虜が背負っているものは、ポリバケツに入った前線の兵士たち配給するための糧秣や水であろう。このとき私は、戦時捕虜をこのような荷物運搬の家畜同然に扱うことをはじめて知った。だが、こんなことについても抗議できる情況ではなかった。このビルマの辺境で闘う民族集団には、「人権」という概念すら無かったのである。

さらに、この捕虜について述べると、三日後にティムタ基地兵舎の前でこのうちの捕虜一人が両手を後ろ手に縛られ、その手を立ち木に結わえられたまま地面に正座していた。まるで家畜を繋いでいるのと同じにである。私は、思わずその様子を近くに寄って眺めようとしたら、Ａに咎められた。私の日本人としての顔を見られたら、後で良くないからという理由である。なぜなら、戦闘が終わり、政府との交渉によっていずれは捕虜も解放するときがあるのだから、そのときに日本人がKNLAと一緒にいたことがビルマ政府にばれないようにというのだ。私は、Aに「ならば、顔を隠していれば良いじゃん」などと軽口を叩いたが、彼はそれでも強くやめるように言っていた。

が、その心配は無駄に終わってしまった。私たちがその補給基地を去った二日後に、今度は例の伊藤氏が入れ替わりでその基地を訪れていた。彼から後日聞かされた話によると、その捕虜は処刑されたそうである。捕虜は兵士ではなかった。だから、他のビルマ軍捕虜とは別格に扱われていたのだ。ただの兵士なら、余程の問題がない限り殺されることはない。ところがその捕虜は、近隣の村に潜入していた情報工作員（スパイ）だった。それが村人の密告によって、KNLAに捕まってしまったのだ。

一概に捕虜といってもランクがあるらしい。まず、軍人の戦時捕虜であるが、これはいち早く恭順の意を示せば拘禁や軽労働くらいで済む。ところが、強情な態度や敵対心を露わにしている者は、物資運搬などの重労働にまわされる。そして、最悪なのはスパイなどである。このような者は、重労働に加えて拷問によって情報を白状させられる。その内容によって、例えばどれだけKNLAにダメージを与えたかとか、政府軍による焼き討ちを受けた村に関する情報などが出てきたら、もうその者の運命は決まってしまう。

運の悪いことに伊藤氏は、そのスパイ捕虜の処刑に立ち合わされたのだそうだ。さらに、KNLA幹部が伊藤氏に「殺してみるか？」と誘い水を出したところ、彼は怖がって応じなかった。

その替わり、伊藤氏の持っているアウトドアナイフを使って、ＫＮＬＡ兵士が地面に跪かせた捕虜を後ろから左手で髪の毛をつかみ、右手に持ったナイフで首の頸動脈に刃を突き立てて一気に切り裂いたのである。捕虜の切り開かれた喉元からは、まるでバケツの水をひっくり返したように、血液がドバドバッと流れ出した。すると捕虜は、しばらく体をヒクヒクと痙攣させ、ゆっくりと眠るように目を閉じたという。それこそ屠殺そのものだったらしい。それが済んでから、「屠殺」した兵士が伊藤氏のところに来て、「これは君に」と言って血糊のべっとり着いたアウトドアナイフを返したそうだ。伊藤氏は、今でもそのナイフを大切に保管しているようである。

聞いているだけで、胸くそ悪くなる話だった。それにしても、「なぜ、ＫＮＬＡ幹部は、伊藤氏をそんな場所に立ち合わせたのか？」などと、今になって考える。これは推測だが、たぶん彼のことを幹部はスパイではないかと勘ぐっていたと思う。何しろ、ビルマ軍事政権は日本の旧軍人会とは、戦時中からのよしみで裏の関係では繋がっている。そんなことくらい、カレン民族が知らない訳がない。だからこれは、「日本の軍国主義者」である伊藤氏に対する警告だったのだろう。もっとも、ＫＮＵ・ＫＮＬＡは凄くプラグマティックな政治スタイルであるから、相手が右翼だろうが資金援助をしてくれるのなら、理由の建前はともかく「貰っておく」のが彼らの常識なのである。

●ビルマ軍を牽制するタイ軍

私は、補給基地ティムタの司令部まで後退し、Ａや一緒に山を降りた三名の兵士たちと一晩休養を取ることになる。最前線の情況が、ビルマ軍に押され気味になって前線も後退していたのだ。このままでは、この補給基地もいずれは敵の戦火に晒されることになるだろう。戦況はＫＮＬＡにとって不利になっていた。

その翌朝、私はＡと補給基地の幹部たちと共にティータイムに同席した。幹部たちは、Ａと何やら戦況に関する難しい話をしていたようだった。英語が中途半端だった私には、ぜんぜん意味の分からない軍事用語などばかりで、ただ黙って聞いていた。途中から幹部の一人が、私たちの目の前にビルマ軍から押収した装備品などを見せてくれた。部隊章のついた敵の戦闘服から、小銃、サスペンダー、メモ帳、などなどを一畳くらいのスペースに山積みにしてある。そのなかには血糊の付いている物まであった。ＫＮＬＡ幹部らは、戦況が不利になっている割には、意外と楽観的だった。最後の方には大笑いさえ浮かべていた。その様子をただ意味も分からず、頬杖をついて黙って見ている私を見た幹部の一人が気になったのだろう。「お前は、どうして黙っているんだ」と尋ねられた。私は、そこでまさか「会話の意味が分からない」とも答えられず、ついつい「いろいろと考え中です」などと答えてしまった。それを聞いた幹部はなぜか大笑いして、「お前は、ミスター・シンキング（ロダンの『考える人』）みたいだ！」と言って、奇しくもその場で私のニックネームが与えられてしまったのである。

さて、このときの会話の内容は後になって分かったことだが、この時期のタイ・ビルマ国境線沿いの紛争が激しさを増してきたことに警戒感を持ったタイ政府が、国軍の緊急配置を発動したのだった。そのせいだったと思うが、タイ軍のジェット戦闘機がスクランブルで国境線でもある、サルウィン河に沿って低空飛行で警戒偵察を行っているのを目撃した。また、タイ軍ヘリコプター編隊が国境上空を警戒飛行したり、タイ国営放送のテレビ・ニュースでも連日この問題が取り上げられるなどして、国家間の政治問題にまで発展しかねない情況になっていたのだ。だから、あのティータイムのときの会話は、こういう情報が入ってきたことに関する話題だったのだろうと思う。

とにかくビルマ政府は、アウンサン・スーチー女史の自宅軟禁と、民主化勢力の武力弾圧に対する欧米を中心とする国際的な批判を受けながら、「これ以上、国際的な孤立化を深めたくはない」という懸念が働いたのである。そして、国境線でのタイ国軍の緊急配置という事態をきっかけにして、KNLAと対峙している軍団を撤退させたのだ。かくして、カレン民族も危機的状況を脱したのであった。

私たちはその後、情勢の安定を受けて再び山頂の迫撃砲陣地に戻ることになった。といっても、戦闘をするのではなく「休戦」の報告と戦線視察を兼ねてである。戻ってみると、陣地に残っていたメンバーは全員無事であることが分かった。前回、私たちが去った後に敵の攻撃があったものの、激しく銃撃を交わした割には敵も陣地に攻め込んで来ることはなかったようである。

だが、KNU全体は政治的に勝利したが、軍事戦略において完全に負けていた。私たちのいる迫撃砲陣地は、この時点で完全にビルマ軍に包囲されていたのだ。一山向こうの山頂では、勝ち誇ったように姿をさらす、敵ビルマ軍の将校が双眼鏡を持って立っている。KNLA迫撃砲陣地では、それを見た数名の兵士たちもわざと姿を晒して、敵に対抗意識を燃やしているのだった。

私は、その陣地に一泊してから山を降りることにした。Aは別行動で、KNLA兵士らと迫撃弾の弾着地点を確認に行ったらしい。後で彼から聞いた話によると、弾着地には二〇名近いビルマ兵の遺体が「散乱」していたとのこと。そして、迫撃弾の不発弾も何発か落ちていたようである。やはり、間接的にではあるが、私の手渡した砲弾が何十人ものビルマ兵を殺したのである。

戦争とは「人間の感覚を麻痺させる」と言うが、初めて人を殺したという感覚は後味の悪いものであった。私などは、まだ自分が殺した死体を直接見ていなかっただけましな方であろう。

私がマナプロウに戻ると、船着場には自分の家族の帰りを今日か、明日かと、ただひたすら待っている何家族かの集団を見た。家族らは、いつ戻るとも知れない夫や息子を出迎えようと木陰にしゃがんでいるのだった。私は、彼らに手を振ると心配そうな顔であるが、笑顔で挨拶してくれた。こうして、補給基地ティムタでの滞在を含めると一週間は前線にいたことになる。私は総司令部へ出頭し、将軍へ帰還の報告を行うと、そこでAとも別れたのだある。

●帰還後マラリヤに

マナプロウに帰ると、まずゲストハウスに立ち寄ってみた。接待係の男が笑顔で迎えてくれる。彼とは、もっといろいろと話したかったのであるが、知り合いのKNLA軍曹が伊藤氏のいるキャンプに私を連れて行ってくれるというので、そちらを優先させた。軍曹の話によると、彼はKNLAの新兵訓練キャンプに滞在しているとのことだった。そこで何と、新兵たちと一緒に訓練を受けているとのことである。とにかく、無事でいたことだけでも良かったと言えよう。

総司令部から、五キロほど南に下った森のなかに訓練キャンプがある。私はそこへ軍曹と訪問した。すると休日だったのか、訓練生たちは出払っているらしく警備担当の兵士しかいない。兵舎に案内されていくと、そこには伊藤氏がベッドに腰をかけて待っていた。ベッドの下には、ウイスキーの瓶が転がっている。枕元に単庫本などが重ねてあった。まるで幹部待遇の生活ぶりには、一目で私の訓練キャンプのときよりも優雅な生活をおくっていることが分かる。私などは、一般兵士たちと同じ床にゴザを敷いての雑魚寝であった。しかも、食事も兵士たちと同じ粗末なものを食していた。それに比べて、快適な部屋である。

この訓練キャンプで彼は、生活は幹部並みでも訓練は新兵たちと一緒に受けるという、まさに「お客様待遇」であったのだ。彼の話だと、「ほふく前進が上手くて教官に褒められた」とか、『捧げつつ』の動作が新兵はなっとらん！」などという基本訓練の内容だったのだ。彼も元自衛官ではあるが、だからといってそんな形式的は訓練をここのＫＮＬＡで徹底させて何の意味があるのか、疑問である。

「自衛隊で受けた訓練を義勇兵となって試す」ということは、こんなことではないはずだ。ゲリラ戦を行う軍隊に入ってまで自衛隊と同じことをやるくらいなら、何で自衛隊を辞めてまでビルマに来ているのか分からない。至極、当たり前のことなのだがそれを伊藤氏は、とうとう最後まで理解できなかった。

私は、彼や彼の所属する大日本誠流社の活動に失望を覚えたものだ。その日のうちに、この訓練キャンプからゲストハウスに戻って来ると、夕食の支度をして待っていてくれた接待係たちとのマナプロウ最後の夕食を共にしたのである。

私は、伊藤氏をコートレイ（カレン解放区）に残したまま、一足先に日本に帰ってきた。再びコートレイを訪れるための資金を稼ぐために、アルバイトなどをしながら生活していた。しかし、帰国三カ月後にマラリアを発病した私は、体調を崩してしまった。東京の専門病院でもらったマラリアの抗生薬「ファンシダール」を服用したところ、副作用でうつ病になってしまったのだ。あるいは、もしかしたら今で言うところの「ＰＴＳＤ（パニック症候群）」なのかも知れない。

そういうこともあり、すぐにはカレン民族集団の土地を訪れることが出来なくなってしまったのだ。

　また、その他にも右翼の大日本誠流社が標榜する「カレン民族人道支援」なるものの欺瞞性にもうんざりしてきたので、その団体との関係をきっぱり清算することになる。これは、ちょうど「イラク湾岸危機」の政治問題が湧き上がってきた頃だった。こういう情勢に対する見解が、私と大日本誠流社とでは正反対のものになっていたのだ。

●カレン民族解放闘争のその後

　KNU（カレン民族連合）や国民民主戦線（NDF）の勢力が盛んだった九〇年代初頭から、ビルマ軍事政権もその掃討作戦に本格的に取り組むようになってきた。とくに、それまで民族集団の抵抗闘争のみを掃討する作戦ならば、国境沿いの辺境地域での問題だけだったので、適当に「攻撃」しておけばよかった。ところが、一九九〇年の総選挙以来、民主化勢力を武力弾圧によって押しつぶそうとする軍事政権も、欧米からの政治的圧力には業を煮やしていた。さらに、民主化勢力がカレン民族集団と手を組んで、ビルマ軍事政権に対する政治闘争にまで踏み込んでくると、軍事政権そのものの存在が危うくなりかねない事態になってきたのだ。そこで政権は、軍事費などで逼迫する財政を立て直すことを考えたのだ。日本の戦時中から繋がっている人脈を通じて、与党自民党や財界を動かし、ODAを引き出すことに成功した。その後、ビルマ軍事政権は中国とも国境地域の安全保障の観点から協調関係を結び、ゲリラ弾圧のために軍事援助を受けて、辺境諸民族及び民主化勢力への徹底した掃討作戦を遂行するのである。

それによって、一九九二年のカレン民族殲滅作戦とも言われる「ドラゴン・キング作戦」が遂行される。これによってビルマ軍は、コートレイ南部のワンカー地区の防衛線に総攻撃をかけ、猛毒のサリン・ガスまで使用して一時、陣地を占領してしまう。この戦闘でKNLA将兵は勇敢に戦った。指揮官の多くは自分の部下たちを撤退させるために、最後まで陣地に踏み留まり、ビルマ軍の侵攻を停滞させたという。この際、生き残った指揮官たちは、敵の捕虜になることを拒み、自決を選んだ。このビルマ軍の防衛線突破は、タイ国領内にまで侵攻し、そこに生活する一般のカレン難民にまで多数の犠牲者を出した。

さらに、一九九五年一月には、中国からの武器援助を受けたビルマ軍がジェット戦闘機による空爆を開始すると、KNU本拠地・マナプロウにも本格的な地上侵攻作戦を行った。この攻撃でマナプロウは陥落する。かつて私が生活した兵舎や総司令部の建物という建物は、すべて焼き落とされた。侵攻してくるビルマ軍兵士たちは、非戦闘員である女性や幼い子供までみさかいなしに虐殺していったのだ。そして、一〇万人という難民がタイ領内に溢れかえることになってしまったのである。

軍事的優勢と交渉術により、辺境民族集団の連合体である国民民主戦線（NDF）の解体・切り崩しに成功したビルマ軍は、KNUを除いて停戦を約束させ、一時は完全な分断と制圧に成功したかに見えた。しかし、一九九七年のアジア経済危機によって、深刻化する国内の経済的危機に見舞われると、あらゆる政策が失敗し、インフレはさらに高まり、頼みの日本を中心とする外資はビルマから次々に引き揚げていったのだ。窮地に追い込まれたビルマ軍事政府を救う形でASEANが加盟を容認したが、これに反感を持つWPOなど欧米との経済交流や貿易は凍結化を強めることになった。

一九九九年、ABSDF残党の学生によるバンコクのビルマ大使館占拠事件が発生すると、戦略的に行き詰っていたKNU指導部から離脱した小グループは、都市型ゲリラの戦術を取ることになる。これがタイ国内において行われた、カレン族の急進派グループ「神の軍隊」による病院占拠事件である。このような突出する小グループの自暴自棄な行動で、これまで比較的、カレンの組織活動を看過してきたタイ政府を硬直化させてしまう結果になった。この事件を起こしたグループは、全員タイ警察によって射殺されたのだ。今後も一部の急進派は、「自滅型の闘争」に傾倒する路線に向かうのではないかと思われる。

●戦死した日本人義勇兵

私が日本に引き揚げてきた後も、カレンの土地では何人もの日本人義勇兵が戦っていた。彼らは、グループとして行動していたわけではない。それぞれが、個人の思いや志向性によってコートレイの地へやって来た。そして現在に至るまで、何人もの義勇兵が戦死していった。そのなかには、日本人義勇兵も数名いるのだ。私の知っている死者だけ述べる。

まず、元第一空挺団普通科群の今井氏は、享年二四歳。一九九四年に最前線の退避壕にいるところをビルマ軍迫撃弾の直撃を受けて即死している。彼はコートレイに滞在中、KNLAの軍事行動に参加するだけではなく、農村に架かる橋の修理や畑仕事の手伝いなども行っていた。また、カレン語の学習も熱心で分厚いノートには、カレン語と日本語の対話表をびっしりと書き込んでいた。本人いわく、「いつか、カレン語辞典を作りたい」と言うほどだった。そのノートも着弾して崩落した壕のなか、バラバラになって散乱していたという。彼の上着のポケットに入っていた一枚の写真は、爆圧で波紋が浮かび文様が付いてしまったが、そこには幼い頃の彼と母親が仲良く写っていた。

もうひとりは、西川孝之氏である。私がカレンに関わった頃、彼とは日本で会っている。そこでカレンに関する情報を教えてもらった。彼は一九九八年一二月に亡くなった。享年三三歳。マラリアの悪化での病死だ。彼は、私と最後に会った九一年頃から、マラリア熱で体調を崩すことがあった。それでも長期にわたって、コートレイと日本との往復を続けた。そして、数年間マラリアを薬で散らしてきて本格的な治療を避けてきたのだ。それほど彼は、カレンの人々との繋がりを大切に考える性分だったと言える。

知人によると、西川氏は死の一年前頃から腎臓を壊し、「歯ぐきからドス黒い血が出る」とか、「黒っぽい血尿が出る」などと訴えていたようだ。どうやら、マラリアによる発病を抑えるために様々な種類の抗生物質を複合的に飲んで、腎臓や循環器系を壊していたようである。そのようにして病魔と闘いながらも、何とか最後まで自分の任務を遂行しようとしていた。そして、最後の年にカレンを目指して日本を後にしたのだが、タイのメソットに着いたところで発熱と発作で倒れてしまう。いったんはチェンマイ病院に搬送されたが、バンコクの総合病院に運ばれた数時間後に息を引き取った。日本から急遽、母親が駆けつけたが、遂に息子の死に目には会えなかったのだ。西川氏は、「西山孝純」というペンネームで著書を一冊出している。アジア文化社の『カレン民族解放軍のなかで』という本だ。彼の「義勇兵」として生きた証が、写真と共に詳細に記されている。

私にとって、彼らの死は他人事ではなかった。いやむしろ、私の人生の節目節目に、こういう人々の死が少なからず影響していると言っても過言ではない。こんなことを言うと、情緒的過ぎると思われるかも知れない。それでも敢て言わせていただくと、私は、死ぬことが怖くて生き残った「義勇兵」である。

第3章　新右翼一水会

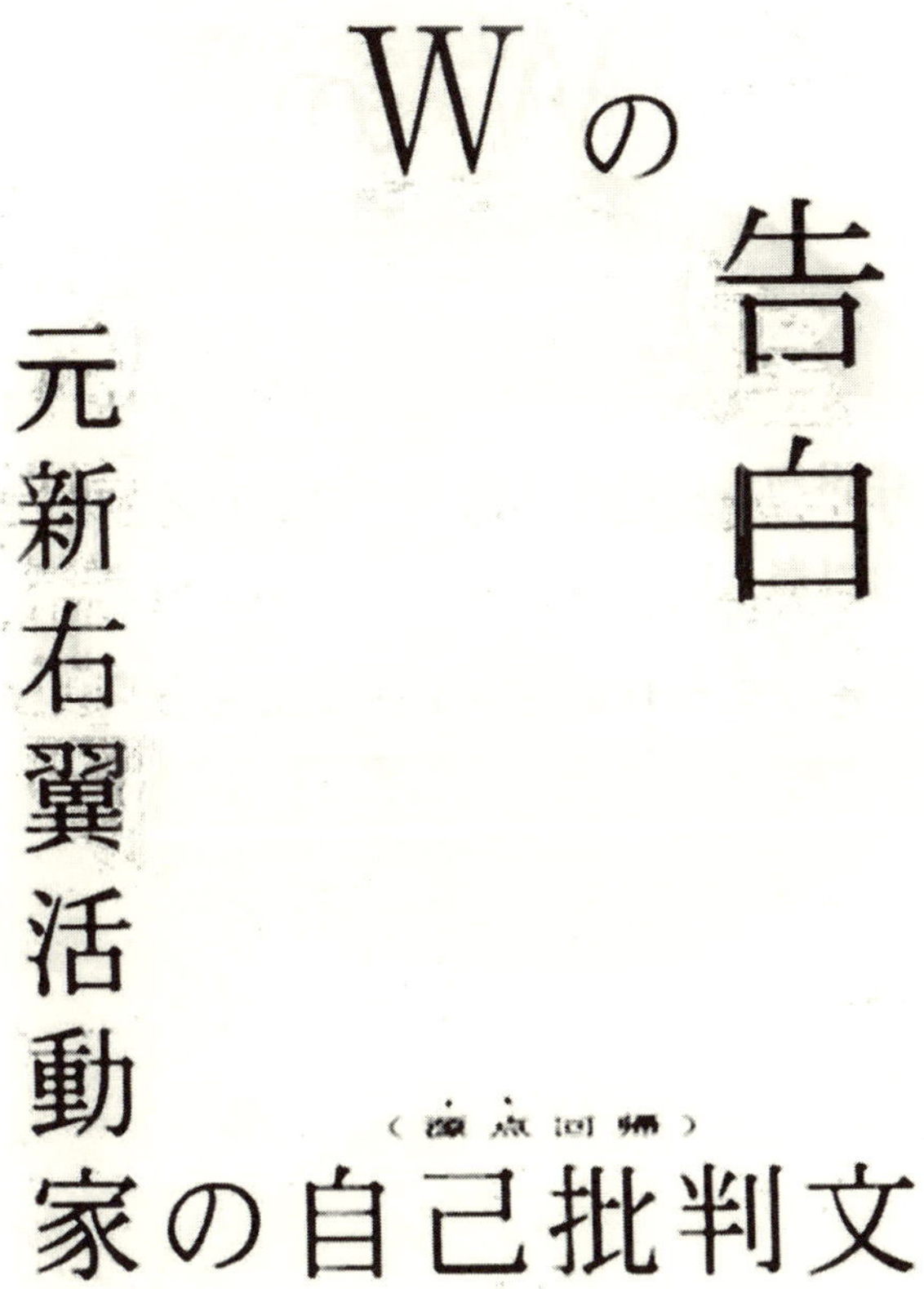
Wの告白

元新右翼活動家の自己批判文

（原点回帰）

筆者の自己批判書『Wの告白』

●新右翼との出会い

私が日本に帰ってきたのは、九〇年の二月後半だ。本当に着の身着のままの姿で空港に着いた私は、ひざの破れたボロボロのジーパンとTシャツの上に、ＧＩジャケットを着ただけの姿だった。荷物といえば、軍用の背嚢ひとつである。

東京に着いた頃には、何と雪が降ってくるありさまだ。そんな状態だったが、何とか都内にアパートを借りてアルバイトの仕事も見つけることが出来た。仕事は、とにかく何でもいいと思って、すごくマイナーな警備会社の派遣ビル警備員の職に就いた。これは伊藤氏の紹介という触れ込みで入社した。経営のずさんな会社であったので、履歴書が無くても簡単に入社できたのである。私は、派遣先のビル警備員として一年間働いた。

ビルマから戻った伊藤氏も、私の後からその現場に入ってきた。しかし私は、彼とはあまりそりが合わなかった。私は一度、彼と大喧嘩をしたこともある。些細な理由だ。勤務中に彼が、制服の上にジャンパージャケットを着込んで受付をしていたので、私が「脱げ」と注意したことに腹を立てたらしい。その後、仕事どころではなくなった。私と彼は、控え室で三時間近くも怒鳴り合いになってしまったのだ。まったくアホらしい話である。それ以来、伊藤氏に会うのはもちろんだが、彼の所属する大日本誠流社の本部にも足を運ばなくなっていった。

そんなある日、九一年の一月になるとイラク湾岸危機から湾岸戦争が勃発して、日本でも世論が沸きかえった。しかし、それは現在の「イラク戦争」のときとは情況が違って、反戦運動の盛り上がりはほとんど見られないまま惰性に流された感じがした。

こういう大衆運動のなかで、唯一目立った主張を出している団体があることを知ったのもこの頃だ。その団体は、「新右翼」と自らを規定していた。「一水会」である。彼らの主張は、「反米愛国、ヤルタ・ポツダム体制打倒」を掲げる、非欧米型のナショナリスト・グループという触れ込みだった。さらに、当時進行中だったアメリカのイラク攻撃に「断固反対」するというスローガンまで出して、一時、世論にも注目されていた。

当時私は、何となくその存在を知って、一水会の学習会「現代講座」に出席してみた。まったく何の気兼ねも無くふらっと立ち寄ったその学習会は、講師に坂井啓子さんを招いた「イラク情勢」についてのものだった。そこでは、イラク・クウェートの関係やパレスチナ難民について内容の濃いものだった。聞きに来ている人たちも、右翼関係者というよりも学生、ジャーナリスト、市民運動系の人たちが多かった。会場となった旧四谷公会堂の会議室には、六〇名以上が入って「立ち見客」が出るほどだったと思う。後で聞いたが、これは一水会の学習会でも一番多い数だったらしい。

この学習会で、私は一水会の活動に興味を持った。それは、それまで私の知っている「政治団体（といっても右翼だが）」とは、まるで違うスタイルの形態であったし、何より若者たちが集まっているところに「リベラル」な印象を持ったからであった。

もうひとつの理由として、私がビルマ・カレン民族の闘争で見た「政治の力が軍事の敗北を補う」という在り方に影響を受けて、本格的に政治運動に関わってみようと考えるようになった。また、カレンでの民族自決路線の批判的弱点として、欧米文化に影響されない「民族独自」の文化復興運動という点で、日本の「神道」や「武士道」などを捉えていたのだ。当時の私は、まだそういう観点でしか世の中を捉えることが出来なかったと言える。そして私は、次第に一水会の活動に参加するようになっていったのである。

●一水会入会をめぐる紛争

一水会現代講座に参加するようになって、三回目くらいだと思う。当時の会員だった徳弘氏に誘われた私は、現代講座の受付を頼まれたのである。私は何気無く簡単に引き受けてしまったのだが、その頃はまだ大日本誠流社との縁がはっきり切れてはいなかった。

運の悪いことに、そのときの講座は右翼関係者が大勢聞きに来るようなテーマだった。そして、いざその日になってみると、受付をやっている私の目の前をいかにもそれらしい人たちが通っていく。すると、どこかで見たような顔がいたのだ。B氏である。三〇代半ばで、脂がのりきった小太りの男だ。彼は、誠流社のメンバーではなかった。それでも、誠流社会長の楠本氏とは懇意にしていた人物である。そして、何と彼のあだ名は「人間スピーカー」であった。要するに、自分の見たこと聞いたことを何でもすべて、知り合いに喋る「チクリ屋」なのである。

私は、「とんでもない奴に見つかった」と思った。その頃の私は、自分が新右翼と一緒に活動していることを誠流社に知らせていなかったのである。それでも私の認識では、「親米と反米の違いはあるが、同じ右翼なのだから問題ないだろう」というくらいのものだった。そんな甘い私の娑婆っ気を吹き飛ばすようなことが起こった。

私がいつものように、夜勤の警備の仕事で職場の待機室にいたときである。夜の八時頃に電話の外線がかかってきた。受話器を取って応じると伊藤氏の声だった。

「おお、伊藤だけど……。とんでもないことしてくれたのおー」

いきなり、名古屋弁で偉そうに言ってくる。彼は、さらに続けて言う。

「お前のせいでオレはエライ恥をかいたぞ。今日、Bさんに会ってなあ……」

つまり、私が一水会講座の受付をしていたことをBから聞いたのだろう。それにしても、なぜ伊藤氏が恥をかかなければならないのか。彼は、すっかり私の管理者気取りなのだ。この件は、私が負うべき問題である。

だが彼は、「誠流社を辞めたいなら、ちゃんとケジメつけてからにせんか」などと言い捨てると、この件をを楠本会長に伝えると言って一方的に電話を切った。私は、しばらく考えてから、「ここは、思い切りが肝心！」とばかりに再び電話の受話器を取ると、今度は楠本会長の自宅に電話をした。はじめのうちは、彼と穏やかに話をしながらアメリカ批判を喋っていた。そして話題を一水会の方に振って、一水会に入るために誠流社を辞めたいと告げたのだ。

「てめえ、なに粋がってんだ。分かってんのか！　ぶっ殺すぞこらっー。叩っ斬ってやるから今すぐこっちに来い！」

突然、楠本氏は怒号のような大声で捲くし立てるので、相手が何を言っているのかこちらこそ分からない。これが楠本氏の本性だ。とても全部は覚えていないが、大体そんな状態で電話を切られた。あまりの応対の変化に、私は唖然としながら受話器を置く。このときやっと、「やくざ右翼が面子を潰されて怒っているのだな」ということが理解できた。所詮、政治的求心力のない彼らは、その構成員を繋ぎとめておくためには「義理と恐怖」しかないのである。そして、若造の私が、いとも簡単にそれを断ち切ってしまったのだ。相手がぶち切れるのも無理はない。いずれにしろ、自衛隊で合理的感覚になじんできた私にとって、やくざ右翼の面子などどうでもよかった。私は、カレンに行くために彼らと接近した。ただ、それだけだ。

それからというもの、私は職場も代えて一水会の会員になった。だが、その後も一ヵ月間くらいは誠流社のナーバスな嫌がらせを受けたのだ。とうとういい加減限界に来た私は、故野村秋介氏に仲介を依頼しようと思ったくらいだ。その前に一水会の木村氏に相談したところ、「その必要は無い。俺が何とかしてやる」と彼に言われた。そしてその三日後、「何か、電話したら、やっぱり本人が挨拶に来ないとダメだって言ってるから、悪いけどちょっと行ってきちゃえば！」と言う。しかし、その挨拶に行く場所が悪い。誠流社の柴田氏が構える事務所なのだ。柴田氏は、「カミソリの柴田」と異名を取って構成員から恐れられていた。これは意味が違うのだが、つまり「キレやすい！」ということである。

あくる日、さすがに私も一人では危険だと思ったので、一水会の日野氏を連れて事務所に行った。日野氏には、外で街宣車を停めて待機してもらう。私だけ事務所に入って柴田氏と面会したのだ。事務所には彼一人だけで他の構成員はいなかった。私は、応接間に通されるとソファーに座った。目の前の、椅子の脇に立て掛けてある木刀が目に入る。「あっこれは、やられるな！」と思った。私も万が一のために、ポケットにコンバットナイフを忍ばせている。「狭い室内の接近戦では、長い木刀より有利だ」などと考えていた。そうすると、相手は案外落ち着いてオレンジジュースなどを出してくれた。呆気に取られている私に、「飲めよ。どうした、俺が入れたジュースが飲めねえのか」と、ドスの利いた声で言う。「何か入っているかも知れない」などと私は思いつつ、それでもストローを浮かせぎみにして一口だけ飲んだ。そこで彼は、私の意向を尋ねた。

「おめえは、辞めてどうするんだ。一水会だか、三水会だか知らねえがぁ、そんなところに行くつもりなのかぁ？」

ちゃねえ！」

「一水会です……」、思わず言う。

「バカヤロー、なめてんじゃねえぞ、コラッ」

「こっちは、金が惜しくて言ってんじゃねえんだよ。親米だか反米だかなんざぁ、知ったこっちゃねえ！」

もはや、理屈では通用しない相手である。仕方ない。この場は泣きを入れて謝るしかないと思った。

「柴田さん……どうもスミマセンでした……。それと、でも僕は誠流社を辞めたいです」

兎にも角にも、私は辞めたい旨を告げた。ハッタリだろうが何だろうが、咬ましておくしかないと思った。相手も、こんな奴を脅しても意味が無いと思ったのだろう。最後に「退会願」を書かせて、指紋捺印を押させた。とりあえず、怪我もなく無事に事務所から戻ることが出来た。

まずは、相手に「辞めた」ということを認めさせてしまえば、もうこっちのものである。後は、「どこで何をやろうがかまわない」と思っていた。私は、長く感じたナーバスから解放されて「気分爽快、意気揚々」となって、反米右翼路線を突っ走ることになってしまった。これが私の一水会入会のエピソードである。

●自衛隊観閲式へ「突入！」

その年の秋、おりしも自衛隊の観閲式へ向けて情宣活動を行うことになった。当時は、まだ観閲式も毎年行われていた時代である。観閲式の一週間前から、各方面の部隊が埼玉県朝霞に集まり、泊り込みで式典の準備をする。朝霞駐屯地周辺のストリップ劇場や飲み屋などは、隊員さんたちで「満員御礼」になる。その度に、いい稼ぎどきになっていた頃だった。

一水会は、シンパの自衛隊関係者から招待券を入手していた。いったい、どんな情宣活動を行おうとしていたかというと、これがまさにゲリラ的であった。私を含め会員四名が、観閲式に一般客として潜り込む。招待券を持っているので簡単だ。肝心なビラは、ジャンパーを着ていたメンバーが背中の裏側にビニール袋に包んだビラの束を、テープで留めていたのだ。入場の際に、持ち物検査があることなど、元自衛官のメンバーなら分かりきっている。私の他にも、そのとき二名が元自衛官だった。

会場に入ると、もう観客や自衛隊員たちでごった返している。メンバーの一人は仮説トイレに入ると、背中に留めていた包みをはがしてビラの準備をする。何食わぬ顔で出てきて、外のメンバーにそれを均等に分けた。そして、四名はまとまり過ぎず、距離を一定に保ちながら観客席の間をぬって、中央の貴賓席の裏側まで来ていた。そこまで来ると、途中にロープが張ってある。さらに、その先が内閣総理大臣が登壇する台のすぐ裏になる。ロープの手前には、警務隊員が警備について見張っているのだ。私は、入ろうとして隊員に阻まれた。無理に入ることも出来ないので式典が始まるまでの間、その辺に観客のふりをして見物していた。

そのうち、式典が始まった。各部隊の隊員たちが一斉に整列している前で、私たちは行動に移ろうとしていた。そんな私たちでも一瞬、ビクッとするほどのテンションで、一斉にトランペットやホルンの音が鳴り響く。あの段階を踏んだ連奏は、内閣総理大臣の入場を知らせるラッパ演奏であった。そこへ総理大臣が、今まさに登壇しようとしていた。警備も含め周囲の注意がそこへ集中したその一瞬の隙に、私たちは入り込むことが出来た。一人のメンバーが、停止線であるロープを越えたのだ。首相の立つ雛壇から後方、約一五メートルに彼は立ったのである。そのとき、私たちの不自然な動きに、いち早く反応した一団がいた。それは警務隊ではなかった。

スポーツ選手権の審査員が被るような、白い帽子の男たちがいた。ポロシャツ姿の私服である。そう、彼らは警視庁の刑事たちである。正式なＳＰとは別に、所轄や本庁から会場内に多数配置されていたのだ。私たちメンバーの周辺に、何気無く私服刑事たちは集まってきた。どうやら、怪しまれたようである。それでもまだ手は出せない。ここは警務隊の管轄であり、警察は遠慮していた。しかし、すぐに連絡を受けた警務隊の隊員らが、まだ貴賓席の裏側に残っているメンバーに職質し始める。

そのときであった。総理大臣の立つ雛壇後方にいたメンバーが、大声で何か叫んだ。と同時に、懐に隠し持っていたビラの束を客席側に向けて投げた。私たちがそこで何を叫んだのか、ビラの内容は何だったのか、今となってはあまり覚えていない。ただそのとき、一斉に周囲の警務隊や私服刑事らが、飛びかかってきたことはよく覚えている。私も含め、他のメンバーたちが、持っていたビラを投げ散らすのと同時くらいに身柄を取り押さえられたのだ。警務隊や周囲の隊員たちに、両手両足を掴まれ、会場から引き出されると近くの天幕に収容された。

結局、この日の「情宣活動」は、実質的な情宣として考えた場合、「誰に向けて」行われる運動かの議論が、ほとんどなされないまま実行に移された。確かに表層的には、「自衛隊を憂いて云々」などとは言っているが、客観的に見ると単に自衛隊や観客に対するイヤガラセにしかなっていない。本来、隊員や一般人の観客に訴えようとした肝心のビラの内容など、ほぼ誰も知らぬまま会場に投げ散らしたのであった。その日のうちに釈放された私たちは、一水会事務所に戻ると、反省すべき点を総括会議で話し合った。しかし、このようなスタイルでの直接行動を行う本質的は問題は、話し合われなかった。

右翼スタイルの「ビラ投げ」は、一般の通行人に読ませるというものではない。この行為は、つまるところ権力に対する「犯行声明」に等しい。それはつまり、コミュニケーションを通じて大衆運動を行うという観点がないのだ。街頭で行う「情宣」にしてもそうである。彼らは、ただ情報を自分たちから発信するだけで満足している。これでは、独りよがりの運動にしかならない。

市民社会や大衆組織化に立脚点を持たない、一水会の弱点である。この根本的問題を解決しようとはせず、奇抜な直接行動や、自分たちの力量も測れずに国会議員への「ロビー活動」を行うなど、かなり権力志向に偏った体質といえる。

そもそも、運動のなかでビラを投げ散らすという形態を左翼は行わない。人々との繋がりにおいて意味がないからだ。ビラやチラシを刷るからには、それをちゃんと人に手渡すことに意味がある。大衆運動を行うのであれば、人と人とのアクセスは大切である。ビラ配りという手法は、人々との接点である。手から手へ、人から人へと単に情報の伝達のみならず、それ自体がコミュニケーションなのだ。

●首相官邸前でペンキ投げ！

当時の活動を今になって、あれこれと書いても仕方がない。したがって、マスコミで誤解されている部分や自分の反省点だけを述べよう。私にとって、三年間の一水会での活動でとくに目まぐるしく動いたのは、入会して一～二年くらいしかない。後の一年間は、どちらかというと活動に消極的であった。

入会した年の一二月頃のことである。ブッシュ（父）米国大統領が来日することに反対した一水会は、「来日断固阻止」なるスローガンを掲げて、形だけの抗議集会やデモを六本木で行った。参加者約五〇人のデモは、「全国動員」という宣伝から考えると情けなくなる数であったが、新左翼の革労協解放派（当時）の全国動員の街頭デモが五〇人をちょっと超える程度だったので、「イッヒッヒ、まだ救われた！」と、酒に酔った井川氏が笑いながら言っていたのを覚えている。その井川氏であるが、彼は当時で四〇代の年齢だったので、今も生きているとすれば五〇歳は超える歳だろう。

「生きていれば」などと、失礼な言い方をしてしまったのは訳がある。実をいうと、彼はノンセクト・ラジカルで黒ヘルを被っていたことがある「全共闘クズレ」なのだ。その後どういういきさつか知らないが、元盾の会メンバーの阿部勉氏に拾われて統一戦線義勇軍に入ってから、一水会の会員に収まった人物である。そんな彼だったが、事務所に住みついている上に酒癖が悪い。それで何か活動上でトラブルを起こすと、すぐにどこかに飛びだして行方をくらますのだ。

一説によると「地下活動家」ということだが、とてもそんな器には見えない。彼は一～二カ月ほど新宿・渋谷・上野あたりでホームレスをすると、また事務所に戻ってきて、「スミマセェーン、飯を喰わせてくださ～い」と詫びを入れてくる。大の男が髪の毛はボサボサ、げっそりやつれて、服は汚れたままの姿でこんなふうに言ってくるのだ。まさか、それを追い返すわけにもいかない。事務所のドアを開けた者は、見るに見兼ねてついつい許してしまう。

とくに、彼と同じ義勇軍から政治局に入った木村氏は、なぜかこういう者を許容していた。これに味をしめた井川氏は、何度も何度も同じことの繰り返しであった。仕舞いには、とうとうどこかに行ったきり戻ってこなくなった。彼の行方を知っている人がいたら、教えてほしいくらいである。

話をアメリカ大統領来日阻止闘争の頃に戻す。そのイラク空爆抗議の「来日阻止闘争」であったが、所詮スローガンだけのデモしか出来なかった一水会が、今度は米国大統領に直接、抗議の姿勢を叩きつけるため、密かに事務所で「襲撃計画」を練っていた。

最初は、「自爆で道ずれに」とか「火炎瓶を投げましょう」、「いや、ボウガンで撃ち抜きましょう」、「やっぱり、ウンコ投げるしかないでしょう」などと、とても絵空事としか言えないアイデアを出し合っていた。「自爆」以外は、いずれの案も逮捕された後のリスクが伴う。

すると、内山という変わり者のメンバーが、「ケミカル・スプレーを吹き付けましょう！ エヘヘッ」。これまた、コアなアイデアを出す。もうここまで謀議が進むと、「オウム真理教」的なノリで仮想空間が肥大化してくる。こうして、「スプレー」というアイデアからヒントを得て、「ペンキを使う→ペンキを撒く」、こんな無難なところに意見が落ち着いた。

そして事務所に、たまたま横断幕を書くために買い置きしてあった、赤のペイント缶が残っていた。それしかなかったので使うことにした。実行したのは、私と日野というメンバーであった。

私は、抗議文の書かれたビラとペンキの入ったビンを持ち、日野はペンキ缶を紙袋に入れて持って行った。私たち二人は、決行当日、さすがに直接ブッシュの公用車にペンキ缶をぶち当てるのは不可能な情況であることが分かった。仕方がないので、首相官邸前に先回りしてそこで行動に移ったのだ。しかし、最初のアイデアに比べれば、随分とショボイ行動になってしまった。そう、はじめは「襲撃」を目的にしていたのだ。というか、ブッシュを道ずれにした自爆攻撃も覚悟の上だった。が、アイデアの段階で、誰も火薬の作り方を知らないことに気が付いて止めたのだ。こう考えてみると、自制を促すためにも、あながち「協同謀議」は必要なのではないかとさえ思える。

こういう傾向は、何も一水会だけの問題ではない。その後に世間を騒がせるカルト教団、オウム真理教の起こした様々なテロ事件を振りかえっても、やはり組織内部で事件を起こす当事者たちは、安易な気持ちで簡単にテロが行えると考えていたのだろう。私の関わった新右翼の闘争もまた、ある意味では異常な、自己肯定から来る現実逃避だったのだ。

そして、ペンキ投げである。決行当日、地下鉄から階段を上がってすぐ地上に出ると、首相官邸前の交差点に日野が駆け出す。はじめに日野にペンキ缶をぶちまけさせてから、その後で私もペンキの入ったビンを官邸に投げ込む手筈だった。ところが私は、その前にビラを道路にばら撒くという、まったく意味のない行為をしてしまった。「そんなところにビラを投げ散らして、いったい誰が拾って読むんだ！」という問題があるわけだ。

これは、先にも述べたがこの頃の一水会の運動は、いかに世間から目立つかということに運動の手段が集約してしまっていた。だからこの「来日反対闘争」の戦術分野においても、当時の木村氏の言っていた「自己犠牲性の可否」とかそんなレベルではない。ただ、世の中に目立てばそれで良い、というものでしかなかったのだ。

●踊らされた「イラク義勇兵募集！」

一九九一年の初頭だったと思う。私はイラクに行くことになる。かねてより、私が反米右翼として活動してきたのも、「湾岸戦争」が始まってからである。すでに一水会の木村氏は、戦争直後にイラクを訪問している。彼は、それから一年後に今度は一水会メンバー等を引き連れてのイラク行きとなったのだ。

あの頃の私は、正直言って自分の頭で政治的な情勢を理解することが出来なかった。すべてが自分の自主的な問題意識からではなく、まったく他者の行動に依存したものだった。それも今だからこそ言えるが、当時はそのように黙って勧められるままについていくことで、組織活動の主体性を自負していたのだ。これは、自分の判断力を自ら放棄することでしかなかった。私は、「政治運動に関わっていく」ということのみを自己目的化してしまい、自らが何をやりたいのかを見失っていた。安易な発想である。

一水会がイラク訪問を呼びかけたのは、当初、「イラク義勇兵募集」である。もちろん彼らは、最初からそんなもので本気にイラクで戦うつもりなどなかった。ただ、政治的プロパガンダによって、過激な宣伝を打ち出していただけであった。それでも、何も分からない私は、その宣伝を本気で受け止めた。「義勇兵募集」の申し込み書類は、フセイン政権時のイラク大使館から正真正銘の書類で大使館に提出したので、てっきりイラクに行けば何らかの軍事施設での受け入れ態勢ができているものと考えていたのだ。

実際に私たちは、成田空港から全員が自衛隊と同じ暗緑色の戦闘服を着て、半長靴、弾帯まで着けて出発したのである。本来なら、自衛隊員が戦闘服で成田空港から飛行機に搭乗することは、空港当局から咎められるのである。案の定、警備の警官が職質してきた。しかし私たちは、自衛隊の戦闘服を着ているにも拘わらず「民間人だ！」と言い張り、アエロフロート機に乗り込むというパロディーを行ったのだ。

そこまで出発前に演出したのだ。これは、一水会のペテン的な「プロパガンダ」であった。何しろ、参加者である私や他の若いメンバーまでもが、まんまと騙されたのである。それどころか、国内のマスメディアや、数少ない一水会シンパに対してまで偽っての「義勇兵参加」であったのだ。そして、イラクに到着してからは、「いやあ、事情が変わりまして政治的な訪問団に変更ですよ！」などと、日本のマスメディアに答えている。とんだお笑いぐさだった。

いや、むしろお笑いぐさだったのは、そんなことに何の疑いもなく参加した、私自身の在り方だったのだ。私は、それ以前に自分のなかに在った「自衛隊の合理的気質」と、カレン民族解放闘争に参加した、兵士としての感覚を引きずったまま政治運動に加わった。それゆえ、自らが所属する組織から与えられる任務や条件を自分の頭で考えることなく、自身の在りかたを対象化することは出来ずにいたのだ。自分の力量、経験や知識の実体を自ら把握することが出来ずに、次のステップに参加すれば必ず失敗する。こういうことは、何もこの一水会の件で終わりではなかった。私が右翼を辞めた後も、この傾向は続いたのだ。私自身がこのような総括にたどり着いたのは、実に二〇〇三年になってからであるので詳しい自己批判は、その部分で行う。ここでは、一水会の問題についてだけ述べたい。

●一緒に仕事したイラン人たち

私は、イラクから帰ってくると、それまでの職場を辞めていたので新たに仕事に就くことになった。ちょうど一水会の知り合いに、元盾の会に所属していた人が経営する造園土木の会社があった。土木関係の仕事をするのは初めてだったが、「三島由紀夫」人脈の関係ということもあったので就職することに決めた。その会社は、都内のはずれにある小さな個人経営の有限会社ではあったが、社長の家が賃貸アパートを持っていた。そこは、従業員宿泊用に部屋を用意していたが、その頃の部屋はほとんどイラン人出稼ぎ労働者が借りていた。彼らも、この造園土木の会社で働いているのだ。

ここの社長は、元早稲田大学の右翼学生で、歳は当時で四〇代中頃だった。三島事件以後、盾の会は解散し、会員たちは様々な方面に散っていった。彼は所帯を持って会社の社長になった。この社長は、性格は短気で怒りっぽいが外国人労働者を雇う度量はあった。といっても、賃金が日本人より安く済むということで雇っていただけだろうが、仕事面では他の日本人たちと分け隔てなく付き合っていたと思う。

私は、そういう環境のなか初めての仕事に就いた。なんだかんだ言って私は、そこに半年以上、バイトで働いた。彼らイラン人も、仕事はまじめにやるし、日本語は喋れるので他の職人たちともうまくやっているように見えた。

そんなある日だった。いつものように派遣の現場で仕事をしていると、何やら日本人職人とイラン人男性のアリが口論をしている。他の職人たちも、どうしたのかと気になって周りに集まってきた。何とか理由を聞いてみると、どうやらアリが他のイラン人と組んだ仕事の段取りが、日本人職人の考えているやり方と食い違いがあったらしい。

そこでこの職人は、アリたちの仕事を一時中断させてまで、自分のやり方を押し付けようとしているのだ。アリは、「自分は社長に命じられた仕事をこなしているだけで、やり方は自分に一任されている」と言う。しかし、この職人にとっては、そういう言い方自体も気に喰わなかったらしい。初めは、穏やかに「指摘」したつもりの職人も、次第に荒い口調になってしまったようだ。こうなっては、どちらも引っ込みがつかない。仕舞いにアリは、職人の言い分に対し、「わからない……わからない」と連発する。決して、言葉が分からないのではない。日本人が何故、そんなことで難癖を付けるのか、その論理が理解できないようだった。だが、そう言われると職人は、自分が外国人に馬鹿にされているとでも思ったのか、顔を真っ赤にして怒鳴る。「まだ、分からねえのか、この野郎!」。すると、アリは職人の間近に寄って、じっと睨みつけた。身長一八〇センチはある体格のがっしりした外国人が、職人の前に立ちはだかった。

自分を反抗的な目で睨んでいるアリに脅威を感じたのか、職人は突然「この野郎!」と言って、こぶしでアリの頬を殴りつけたのだ。それまで周りでこれを見ていた他の職人やイラン人たちが、急いで止めに入る。二人は引き離され、社長も仲裁に入った。しかし、アリや彼の仲間のイラン人は、近くに落ちている棒切れを持ったり、スコップを持って、「今度かかってきたら、いつでも反撃するぞ!」という姿勢をとっていた。

何とか、社長がアリたちイラン人をなだめて別の場所で仕事をさせて、その間に職人も注意を受けて、最後にイラン人に謝ることでその現場では事なきを得た。だがそれ以降、どうもイラン人たちは、日本人の同僚に不信感を持つようになってしまったのだ。

それでも、彼らはもともと日本人の同僚たちとは仲良く仕事をしていたのだ。彼らは、社長の家の隣のアパートに寝起きしていたこともあって、私たち日本人が仕事を終えて帰った後も、機材の整備や社長の雑用で残業することもしばしばあった。また、私のような日本人よりも、ちょっとした力仕事では彼らの方が活躍していた。多少違うところといえば、彼らは敬虔なムスリムだったので、毎日昼休みになるとメッカの方角を向いて礼拝をする。昼飯の弁当も、自分たちで作ってくる羊の肉を煮込んだおかずを食べていた。非常にまじめに働いているので、社長を含め、私たちもその点は何も言わずにいたのだ。

それでも、社長ははっきりと教えなかったが、おそらく彼らの給料は、日本人のそれより少なかったであろう。私は、何度かアリたちが給料のことで社長に相談しているところを見たこともある。社長はそのつど、あれこれと「交渉」していたようだが、大体は「今日残業してくれたらな！」と言ってから支払っていたようだ。

私が彼らイラン人に、自分がイラクに行ったことなどを話すと、「何でまた、そんなところに」という驚きの表情になる。また、私が日本の民族主義者として、サダム・フセイン政権を支持しているなどと言ったら、「ワタナベさん、可愛そうに。あなたは本当のことを知らない」と、悲哀の表情で見る。

「だって、イラン人もアメリカは嫌いでしょ?」。私が聞き返す。

「もちろん、あいつらはクレイジー。でも、フセインは悪魔だよ」

「う〜ん、そうかなあ。俺が思うにはさあ……」などと、イラク支持の正当性を何とか説明しようとするが、彼らは首を大きく横に振って納得できない様子だった。

「ワタナベさん、あなた可愛そう」。そう呟くのみであったのだ。

別の機会に、彼らイラン人たちと話をしたときに分かったのだが、彼らの二〇代～三〇代の人はみんな兵役の経験があった。そして、みんなイラン・イラク戦争に従軍したことのある者たちばかりだったのだ。そんな話題になると普段、職場では話さないようなことまで聞けるので興味があった。ある、二八歳のイランの若者は、「フセインの軍隊との戦争中、イラク領内に攻め込んで、どこそこの街を占領したことがある」とも言っていた。私がさらに促すように尋ねると、彼も調子に乗って「私、あの街で、女のひと、子供、みんな殺した」などと、何の悪びれもなく言うのだ。さすがに彼も、他のイラン人から肩で突つかれて、雰囲気を読んだらしく「でもしょーがない。私、兵隊だった。みんな可愛そう。私も可愛そう。神様は見ている！」と、肩をすぼめ、両手を広げながら、何とか弁明しようとしていた。

「私も、イラクと戦った」

そこへ、別の二五歳のイラン人が話に割って入る。彼はひょうきん者で仕事をたまにサボることもあるが、いつもおどけてみんなを笑わせるのが得意だ。

「へー、お前も人殺したのか」

「ノー、ノー、私は、フロントライン（前線）のバンカー（塹壕）にいた。イラクのタンクたくさん来た！」

彼は、ちょっと大げさに両手を広げ、目を見開いて話す。

「私、怖くて、ライフル、水溜りに投げたね！」

一同爆笑。

「私、逃げてきたよ。コマンダーは怒ったけど、私、『ライフルなくしたので闘えない』と言った」

これには、私もさすがに笑った。他の連中も、ペルシャ語で何やらツッコミを入れている。彼はそのたびにおどけて見せた。

だから、彼らと話をしていて飽きるということはない。また、日曜日になると彼らイラン人は、渋谷の代々木公園に行っては、都内各所から集まってくるイラン人労働者たちとの交流を楽しんでいた。私も何回か行ったことがあるが、日本にいながらにして異文化に出会える場所としていい勉強になったものだ。彼ら外国人労働者との付き合いで、私のなかに植え込まれた「日本民族の優越主義」という主観は、短期間で解体していったのである。もちろん、そうなる理由には、私が政治活動に関わる以前、ビルマで関わってきたカレン民族との交流経験がある。そこには、日本人の文化を他者に押し付けて「国際交流をしたような」錯覚を抱く自己満足を、批判的に見る自分がいた。異文化交流とは、自分が相手の価値観のなかに溶け込んで、その地平で自分を主張することだと考えるようになったのだ。

しかしながら、このときの私は、戦争に対して、まだ否定して捉えられないでいた。「戦争は攻撃する者がいれば、守る者がいる。それは必要悪であり、殺す者がいれば殺される者もいる」というように、まるで自然災害であるかのような感覚で観ていたのだ。だから私には、なぜ戦争が起こるのかという問題意識が無かった。私は、その後の一水会内の争いごとでは、ただ逃げ腰になるだけで明確に批判すら出来ないでいたのだ。

●暴力翼賛への傾倒

今はどうか知らないが、私のいた頃の一水会では、春先になると都内の大学に向けて「入学式情宣」というものを行っていた。これは要するに、新人会員を獲得するための勧誘活動である。各大学の入学式スケジュールを確認して、その日に合わせて大学の正門前で新入生を待ち構えるのだ。そして、大学に来る学生たちに勧誘のビラを配る。しかし、目当ての大学に一水会の学生会員などいなかろうがお構いなしにビラを配るので、学生側としてははなはだ迷惑だったろうと思う。また、左翼セクト色の強い大学に行くと、「自治会」を称する学生たちが抗議に来るのだ。これは、事前の情報などもあって、「論争だけで済む」場合も結構ある。そういうときは、議論し合う者だけをやらせておいて、後のメンバーでビラ配りを行えばよい。「表現や主張の自由は保障されている」という環境ならば、必要以上の衝突は起きないのである。

ところが、九二年の早稲田大学に情宣したときだった。このときは相当荒れたようだ。「ようだ」と言うのは、このとき私は、二度目のイラク訪問に行っていて参加しなかったからだ。しかし、もし参加していたら、多分私もその乱闘騒ぎ加わっていたかも知れない。会全体がそんな勢いだったのだ。

その日の情宣の現場を指揮していたのは、日野という私と一緒に首相官邸前でペンキとビラを撒いたメンバーだった。彼は、一水会のなかで「武闘派」を自認するほどの格闘技好きだ。その入学式情宣も、わざわざ革マル派が妨害に出てきそうな大学として早稲田を選んでいたのだ。こうして、校門の前では、ビラ配りよりもまるで「道場破り」のような激しいスタイル（ヘルメット姿）で、革マル派学生たちと殴り合いの喧嘩になった。そのときの様子を一水会の機関紙『レコンキスタ』で報じているが、「スプリング・バトル」などと見出しを付けている。当然その記事は、日野が書いた自画自賛ものである。

私が参加した暴力事件は、大阪大学に情宣に行ったときであった。このときは入学式ではなかった。それでもあえてそこに行ったのは、そこを拠点としているセクトとの衝突を狙ってのことだ。そのとき一水会は、街宣車で校門近くに停車すると、大音響で演説を開始した。話の中身などどうでも良い。とにかく、左翼セクトが飛び出して来てくれればそれで良かったのだ。すると、はじめは一人二人の学生が門の傍に出て来て、「うるさいから止めろ」と抗議してくる。それでも、私と日野やその他四名のメンバーが嫌がらせ演説を続けていた。しばらくすると、一五人くらいの学生が出て来て、門の前に並んだのだ。当然彼らの、制止するように求める声には耳を傾けないで延々と続けていた。すると、さすがに彼らも我慢できずに実力でスピーカーを止めようとして、一水会の車に数名が乗り込んで来た。そこで衝突が始まったのである。正直言って、私もこのとき何人かの学生に蹴りを入れた。

「お前ら、やめろ、やめろ！」、街宣車に飛び込んで来た学生は、スピーカーアンプのマイクを引き抜いた。

「何すんだ、てめぇ、ぶっ殺すぞこらっ！」

「右翼は帰れー帰れー」

「やかましい、糞ガキ共！」

こんな具合に、私は彼らに罵声を浴びせて他のメンバーも乱闘に加わった。ところが、大学の前である。騒ぎを聞きつけた学生たちが、次から次と校舎から出て来るではないか。これには、一水会のメンバーたちは面食らった。「このままでは、こっちがやられる」。そう判断するとメンバーみんなが車に乗り込んで、大学前から逃げ出したのである。私たちは、自分からトラブルの種を撒きに行って逆に撃退されて退散するという、情けない結果に終わったのだ。

この当時からメンバーである、プロレスバカの日野や、小木という空手バカも会に加わって、一水会若手と学生を中心にした武闘路線化が始まった。もちろん、私もそこに軍事バカの一人として参加していた。

このとき私自身は、利害関係の異なる集団に対して、それが左翼だろうが右翼だろうがお構いなしに、暴力で撃退するという手段を肯定していた。それは、これまで私が軍事的な戦闘集団で身に付けた、「敵・異端者は撃退する」という社会的習慣が身に染み付いていたからだ。だから、安易に「暴力」を行使することに何の躊躇もなかった。私が、こういう「暴力の行使」に批判的な観点で考えを巡らすことが出来るようになったのは、一水会を辞めた後、獄中救援に関わりだしてからである。

●格闘技オタクの集団

「一水会って、バカばっかり！」

この武闘路線化の直前に会を辞めていった、当時二四歳の女性メンバーはいみじくも語っていた。

今になって思うと、本当にそうである。あの頃、いち早くそれに気が付いた彼女は、さすがに凄い。感心する。彼女は、一水会に入る前、新左翼の集会に何度か参加していたそうだが、あまりそのことに触れようとはしなかった。それよりも、「鈴木邦男の文章がオモシロイ」などと言っていた。彼女のように、ただ「オモシロイ」というだけで、鈴木氏のファンとして一水会に入会してくる若者もいる。また、木村三浩氏の「ガキ大将」ぶりに引かれて、入ってくる者もいる。

本当に様々だが、一水会の若手が日野を中心に武闘路線化してくるにしたがって、比較的おとなしい、それこそ文学に興味を持っているメンバーたちが遠ざかっていった。この頃に会を去っていった者たちは、その後に左翼になった者も何人かいる。例えば、ブント（戦旗・日向派）とか、共産趣味者や新社会党に行った者、あるいは、アムネスティー・インターナショナルに入った者までいる。決して、一水会を辞めて左翼になったのは、私ひとりではないのだ。

その一水会若手も、さすがにこのままでは「会の勢力が縮小してしまう」、そんな危機感を感じていた。その「危機感」でさえ、今思うとだいぶ的外れな危機感だ。だが、所詮はバカである。頭数の員数集め以外に考えられなかったのである。

こういう状況を打破するために彼らが始めたのが、武闘訓練であった。しかも、それは一水会のなかで新たにセクションとして独立させることにしたのだ。その名も「志水塾」である。この集団は、主に街頭において乱闘を想定した訓練を行う「喧嘩道場」のようなものだった。最初は、一水会のみならず他の団体からも参加者を募って、週に一度は格闘訓練を行っていた。志水塾は、組織と言えるものではなかった。それでも日野は、これを「新撰組」に模して考えていたのだ。まったく、今思い出しても彼の新撰組フリークは普通ではなかった。暇なときは、新撰組に関する本を事務所に持ってきては読んでいる。うっとうしいことに、志水塾の訓練では新撰組の「御法度」らしき檄を飛ばすのだった。まるで、「俺は、志水塾の近藤勇だ！」とでも言いたげだ。

さらに、そこに荒木という男が、新民族主義者同盟という団体から移籍して来たのだ。彼は、日野が引っ張ってきたようなものである。彼はどうしようもなく酒癖が悪く、酔っ払っては飲み屋で喧嘩をする暴力賛美者であった。彼が右翼青年のくせに、やたらと新左翼内ゲバ問題に詳しいのは、裏を返せば彼自身が暴力賛美思考に偏っていたからであろう。

私もその頃は、こういう連中に従っていたことは触れたが、そんな私でもいい加減、この一直線の格闘技集団には嫌気が差してくることがあった。志水塾は訓練の後になると、みんなそろって近くの居酒屋に繰り出し、酒を飲むことが多かった。そして、その席では決まって日野やメンバーの小木、そして荒木の「根性話」が始まる。若い学生などは、いい加減ウンザリなのだが仕方なく調子を合わせて、合いの手を入れるしかない。ところが、やはり愚かな奴がいて、ついうっかり日野の琴線に触れるようなことを無意識に口走ってしまう者がいた。彼は、大阪から移ってきた関西弁バリバリの学生だった。

学生が、ついその場の雰囲気を壊すようなことを言い、それを自らフォローしようとすると、さらにドツボにはまっていくという感じであった。とうとう日野が完全にブチ切れてしまった。突然、日野が怒鳴りだしたかと思うと、関西弁の学生に殴りかかるは蹴り飛ばすはで、大騒ぎになってしまった。ただでさえ、日野は関西弁が大嫌いである。周りの者たちは、止めに入ったのか、一緒になって学生をフクロにしていたのか分からないくらいだった。そのとき私は、その学生の襟首をつかんで日野に謝るように強要していた。もう、それでこの場の混乱を終わらせたいと思っていただけであった。しかし、その学生が謝る必要など、どこにもないことは明白だ。間違っているのは、酒に酔って勝手に暴れだした者である。そしてそのことを批判できず、同調してしまった私も、また同罪なのだ。

その後、その関西弁の学生は軽い鬱を罹ってしまった。それが原因だけではないが、諸般の都合で彼は一水会を去っていった。だが、半年くらい経た後で聞いた話によると、彼は自宅の浴槽に浸かったまま、心臓麻痺で亡くなったということであった。私と一緒にイラクまで行ったことのある彼は、おそらくイラクで多くの珍しい経験をしたであろう。土産に買ってきた、バース党の制服を着て、街頭情宣をする彼の姿はそれを物語っていた。今も生きていれば、きっと別の分野でその経験を活かせたであろう。私たちは、償うことの出来ぬ過ちを深く噛み締めるべきである。

●「秋の嵐」襲撃計画

「秋の嵐」というアナーキスト系の若者を中心とするグループが、東京・原宿駅周辺で「大葬の礼」反対行動を行ってから、警察は彼らを弾圧の対象に絞っていた。同じく、都内の右翼も「何かあったらやってやる!」という雰囲気で彼らをターゲットにしていた。

それでも「秋の嵐」は、その後も継続して原宿駅周辺において「路上で鍋を囲んだ酒盛りパフォーマンス」という、当時まったく新しいスタイルで活動を続けていた。さらにその後、代々木公園でイラン人出稼ぎ労働者たちが、屋台の物売りや露天でのコミュニケーションエリアを形成してくると、路上パフォーマンスの域を超えて、「秋の嵐」関係者もイラン人労働者と連帯していったのである。九三年になると彼ら「秋の嵐」は、「ながれや」という野宿者の生活支援をメインに活動し、西早稲田に事務所を構えていた。

ここで一水会に関わる、もうひとつの出来事がある。その頃、代々木公園周辺はイラン人労働者たちが毎週日曜日になると出店を開いて、「イラン物産展」のようなコミュニティーの場を形成していた。私もその場所には何度か足を運んだことがある。そこでは、週に一度、仲間たちと職場に関する情報交換をするイラン人たちが大勢来ていた。それだけではない。人が集まればそこで商売する者も現れる。シシカバブの屋台を出す者、チャイ（紅茶）の屋台を出す者、露天の床屋を開く者と様々な人々が集まってくる。それは週に一度だ。何も問題の無いはずであった。しかし、彼らイラン人に対して原宿警察署は、「偽造テレホンカード販売」の容疑で一斉検挙を行った。そして、第一次一斉捜査では、代々木公園前のイラン人コミュニティーへの弾圧と解散命令を出した。これに抵抗した「秋の嵐」のメンバーらも逮捕された。

一水会の日野をはじめとする志水塾のメンバーは、この代々木公園イラン人排除に抗議する情宣を行っていた、「秋の嵐」のメンバーを襲撃する計画を立てていた。しかもこれは、会長の鈴木氏には何も知らせず、日野の独断で行われることになっていた。日野はあらかじめ、他のやくざ右翼と連携を取っていた。彼は、他団体メンバーも志水塾と合同で原宿駅に街頭暴力で登場する旨を告げた。

もちろん私は、それに反対した。自分の関わってきたイラン人との付き合いもある。だが、日野の頭には、イラン人不法就労者を排除するというよりも、それらを支援する「日本人のアナーキストどもを襲撃すること」が目的だったようだ。主な計画は、志水塾をはじめ右翼集団が代々木公園、または原宿駅前で街頭情宣をはじめる。それに対し、秋の嵐メンバーが何か文句をつけてきたら、それを合図に一斉に襲撃するというのだ。日野はまた、その様子をメディアに流すことなど考えて、三日前から各新聞・テレビ局に電話で取材要請までしているという呆れたものだった。それでも、あくまでその行動に反対する私は、その当日、行動には参加しないことを日野に伝える。

襲撃の前日になった。私はどうしても原宿での衝突を止めさせたかった。イラン人に対する暴力も、絶対避けなければならないと思った。思い切って私はその夜、「ながれや」事務所に商店街の公衆電話から電話をかけた。日野ら志水塾の暴走を事前に知らせて、衝突を回避させたかったからだ。すると受話器からは、留守番電話のアナウンスが聞こえる。誰も事務所にいなかった。

「ピー」という発信音の後に、私はことの次第を告げた。

「明日、原宿駅周辺で右翼が襲撃に来ます。なるべく明日の活動は行わないでください」というようなことを、二度繰り返して受話器を置いた。

当日、日野たちは仲間を引き連れて原宿に出かけた。どうやら、何も「戦果」は無かったようだった。ただ、駅周辺には、機動隊の車だけがたくさん警備についていたとのことである。マスコミ取材は、どこも来ていなかったようだ。これで私も多少安心したが、またいずれはどこかで衝突するのではという不安もあった。

その後、当時は毎週更新していた「一水会テレホンニュース」の当番だった私は、代々木公園のイラン人排除・弾圧を非難する声明を「一水会情宣局」の名で出した。だが、日野は一水会機関紙の『レコンキスタ』紙上で、志水塾声明として、「不良イラン人を排除せよ！」という見出しの記事を載せたのだ。もうここまで来ると、私と日野の立場は完全に分かれてしまった。日野は一水会では、私より先輩ではある。それでも、私の方が年上であり元自衛官ということで、表面上は彼が私を批判することはなかったのだ。

その原宿の後日談だが、「秋の嵐」（ながれや）は、それから二週間後に警察の一斉捜査で弾圧を受ける。すでにその頃代々木公園前は、バリケードで封鎖されていたものの、原宿駅前での抗議行動は「秋の嵐」が継続していたからだ。

私は右翼を辞めてから、何かの交流会で当時の「秋の嵐」のメンバーに、私が電話で伝えた留守番電話の事を聞いてみた。すると、あの「密告電話」は、当日の朝になって知ったそうだ。とくにその日は、彼らが原宿駅前で情宣する予定は無かった。その代わり、「右翼が来る」という「謎の留守番電話」の真相を確かめるために、数人でレポに行ったそうである。

●一水会幹部の「内ゲバ」

さらに、決定的に嫌気がした出来事があった。九三年の秋に、神田パンセホールで開催した「野分祭《のあきさい》」である。この祭事は、自衛隊市谷駐屯地で自殺した三島由紀夫と森田必勝の慰霊を行う、神道儀式で言うところの「招魂の儀」というものだ。簡単に説明すると、三島と森田の霊魂が「黄泉の国」から浮世に降りて来て、巫女の口を通して「お告げ」をするという儀式が原型になっている。

事件は、その儀式自体ではなく、それが終わってから起きたのである。それというのも、その野分祭に反米愛国統一戦線義勇軍の議長である針谷氏が参列していたからだ。件の儀式が滞りなく終わり、直会《なおらい》も済み、そろそろ来客たちが帰り始めたときであった。

ロビーに通じる階段から、日野と大声で言い争う声が聞こえた。一水会のメンバーたちは、「何事か！」とばかりにその場に駆けつける。何と日野と揉めていたのは、針谷議長だった。私たちは、日野になぜこんなところで騒いでいるのか尋ねるが、「それどころではない」といった姿勢でまったく意に介さないでいる。

そこまでに至った細かい経緯を私は知らない。しかし、こんな外部からの参列者が来ているところで騒ぐことではない。しかも、入り口のすぐ外では公安が見ている。次第に、あまりにも喧嘩腰な日野の態度に頭に来た針谷氏が、ついに「てめぇ日野、やるのか、こら！」と声にドスを利かせて恫喝した。義勇軍議長という肩書きで、ダブルの背広にネクタイ姿で見た目は決めていても、やはり「元暴走族のリーダー」である。日野も、さすがに先輩格を相手に一人で喧嘩は出来ないと思ったのか、「上等だ。戦争だぁ。こうなりゃ戦争だっ！」などと、まるで映画、『仁義なき戦争』張りの暴言を吐く。これには呆れた。

「ひのぉ～、てめぇ、独りじゃ喧嘩も出きねぇのか?」。針谷氏もタイマン勝負では負けないらしい。一水会のメンバーたちは、この様子を黙って見ているしかない。私は、このままでは収拾がつかなくなると思い、鈴木氏を呼びに奥の会場に戻った。すると会場では、まだ来客の女子学生たちと楽しそうに雑談している鈴木氏がいた。そんなことお構い無しに、私は彼を無理やりにもその「現場」に引っ張ってくると、何とか仲裁してくれるように頼む。途端に険しい顔つきになる鈴木氏だが、「何やってんだよ。お前ら、ダメじゃないか。喧嘩なんてするなよ」と、まるで「担任教師」のような仲裁では通用する連中ではない。そこに木村氏も来たが、それこそ逆に「火に油」状態になってしまった。

「きむらっ、てめぇ日野を焚き付けやがって、なに考えてんだ！」と挑みかかる針谷氏。短気な木村氏も、「何だと、この野郎……」と針谷氏の襟首に手を掛けようとする。また、鈴木氏が、「やめろよぉ！」と割って入る。これは本当に「内ゲバになるかな?」と思っているうちに、大悲会の会長N氏が仲裁に入ったところでようやく収まりがついた。

「お前らっ、もし野村が、あの世でお前らのこんな姿を見たらどう思うか。ちったぁ考えてみろ！」と、大の男が涙ながらに嘆く姿には、さすがに殺気立っていた二人も熱が冷めたらしい。「シュン」としておとなしくなった。

だが、「戦争だ」などと内ゲバ覚悟で大見得を切ったしまった日野である。これでは溜飲が下がらなかった。針谷氏が、なお睨みを利かせながらも会場から立ち去っていくと、即座に一水会の若手メンバーに対して「召集」をかける。

「おいっお前ら、これから戦争だ。ついて来れない奴は、去れっ！」と言う。

「もう、よせよ。いい加減にしろよ！」と、早口で咎める鈴木氏。

この日野の態度に、メンバーのなかからも呆れて帰っていく者が何人かいた。そのうちの一人、K君を呼び止めようと私は駆け寄った。すると、K君は「僕は、一水会の軍事路線化には付き合いきれません」と言い切って、去って行くのだ。K君はその後、二度と一水会には戻ってこなかった。

日野は、それから腹心を数人引き連れ、近くの居酒屋でクダを巻いていたのだ。私も居酒屋までは同席したが、あまりの馬鹿馬鹿しさに付いていけず、途中から退席して帰った。すでに、以前から日野の独善的な態度にうんざりしていた私だったが、この時点でキッパリと見切りをつけていたのだ。

●一水会のネオ・ナチとの共闘路線

この時期には、また暴対法に反対する市民運動が行われていた。一水会も、この法律には反対の立場を表明していたのであるが、どこの市民団体も右翼と共闘するところなどなかった。

ところが、何といっても「蛇の道は、何とやら」だ。「暴対法の当該」である各任侠団体に、一水会に近い右翼団体が仲介して暴対法反対集会を開くことになった。そして、その呼びかけ人のひとりには、仏教理念とマルクス主義を合致させた「釈迦マル主義」を提唱する弁護士、遠藤誠氏が参加することになった。さらに、そうなってくると左翼も関わってくることになる。一水会と統一戦線を組もうと申し込んで来たのが、大武礼一郎氏率いる日本共産党・行動派（人民戦線）であった。彼らは、その昔に日本共産党から分離して、大衆運動から離れた「スターリン主義・前衛党建設」を目指している団体だ。つまり、「任侠、新左翼、新右翼」が暴対法に反対し、統一戦線を組んで抵抗する運動が立ち上がった。

この話は、それから一年経った暴対法反対集会の出来事である。

すでに、かなりマスコミに注目され、「異色の組み合わせ」などと言われた抗議行動も、それから一年が経過すると、すっかり動員数も減ってメディアも相手にしなくなっていた。しかし、それでも私は、一水会からの参加者として出席することにした。会場に行ってみると、そこは八〇人くらいが入る会議室であった。一水会は集会の準備段階には関わっていなかった。なぜか、実行委に名義だけの参加である。期日を知らされて初めて、集会を知ったくらいだ。

前列には参加者側を向いて、人民戦線のメンバーと任侠系代表、そして評論家や遠藤誠氏のお連れ合いが座っていた。一水会は誰もいなかった。一般参加者の私くらいである。その他の参加者は、人民戦線のシンパが一五人くらい。そして、後ろの方に任侠団体の組員ら二〇人ほどが、椅子にも座らずに突っ立っているのだ。かなり威圧的な組織動員である。

集会の内容はともかくも、その進め方が私には異様に見えた。人民戦線側が作成したレジュメの長い長いアピール文を朗読しているのだ。それを読み終わると、みんなで拍手する。私など、あまりに長い内容なので訳もわからずにいた。最後の行動アピールには、彼らの機関紙に書いてあるスローガンに若干付け足したようなことを唱和して拍手喝采なのだ。まるで異様な、どこかの新興カルト教団のようであった。

それでも、彼らが述べていた行動提起で見逃せない点があった。それは、「今後、これまでの任侠、新左翼、新右翼の関係をもっと幅広く広げる為に、新たにもう一団体加えたいと思います。新民族主義者同盟など」というものである。しっかり覚えている。私には信じられなかった。この新民族主義者同盟とは、一水会が以前何度か三島由紀夫評価についてもめたことのある団体であったからだ。しかも、この団体は「ネオ・ナチ崇拝」である。ファシスト路線を公然と掲げ、開き直っている集団なのだ。一水会だった頃の私が、その団体の批判を言えば、「目クソが鼻クソを笑う」に等しいと思われるだろう。だが、それはそれで私にもこだわりがあった。

私は、過去にカレン民族解放の戦いで、ビルマの軍事政権というファシスト的な抑圧集団と闘う民族集団と意気を共にした経験を持っていた。それがあればこそ、こうして民族派運動に関わってきたと言えた。だからこそ、私はネオ・ナチズムを許容することは出来なかった。そこで憤激を込めた私は、集会会場の場で「異議あり!」の発言をしたのだ。

もちろん、集会の最後に五分間と限定される非常に短い「質疑応答」で発言したのだ。「質問」という形で述べたのだが、マイクも回ってこない。私は、地声を張り上げた。「人民戦線は、このようなネオ・ナチ団体までも一緒に引き入れて、民主主義を提起するつもりですか?」という趣旨だったと思う。本当はもっと長く喋ったのだろう。

すると、何故か会場の客席から、私の質問に対する返答のつもりなのだろうか五〇代の男性が、「私も学生時代に党派の運動に参加したことがあったが……。やっぱり内ゲバのような争いは良くないですよ」などと喋りだす始末。

「いや、そうではなくて、あなたたちが民主主義ということをどう考えているのか問うているのだ」と言っても、まるで「のれんに腕押し、ヌカに釘」である。これらの統一戦線は、そもそも民主主義を根幹において、暴対法を推し進めようとする政府の策謀と闘うことで結集したのではなかったのか。彼ら人民戦線から見て、任侠も一水会も民主的な観点から、政府の弾圧に抵抗しようとしたのだと思っていた。それが何と、ネオ・ナチズム国家社会主義者たちと手を組みたいなどとは、「いくらスターリン主義党派でも、いい加減にしろ」と言いたくなる。すると、あまりに騒ぐ私を「ウザイ!」と感じたのだろう。実行委から人民戦線のメンバーがひとり私のところに来て、こう耳打ちした。「渡邉さん、その件については、おたくの政治局の木村さんとも話が付いていますので」。

「ふざけるな。そんな話は聞いていない!」と言うしかない。それに、「一水会政治局」の名前を出せば、私がおとなしくなるとでも思ったのだろうか。だいたい、以前から一水会メンバーに対して、新民族主義者同盟の批判を吹聴していたのが、当の木村なのだ。「何を考えているのだ、冗談ではない」と思った。

後になってみて分かったことだが、木村氏は、これ以前から個人的にいろんな右翼団体と交流があり、各団体の様々な催し物に参加していたようだ。そのなかに、ネオ・ナチ団体もあった。彼は、この団体と交流するなかで、ネオ・ナチ団体も人民戦線のイベントに加えることを個人的に決めてしまっていたのだ。

もはや、堪忍袋の緒が切れる思いをした私は、一水会組織すら私物化する木村氏の活動スタイルに嫌気がしていた。こういう環境のなかで、私は何とか一水会「木村体制」を打倒する必要性に駆られていたのだ。

しかし、それは自分の実力を冷静に考えれば無理な話であった。すでに私は、木村氏の下で彼の政治的立場を日野らと一緒になって支えてきた側だった。つまり、木村氏に批判を述べたり、活動から日和る者たちに対して、私は批判し排除する側に立っていたのだ。だからこそ、そういう場合に木村氏が自らを批判する者に対して、どのように対応するかよく分かる。そこで私は外部に頼ることを考えたのだった。

反米愛国・統一戦線義勇軍である。もともと、一水会の「非合法活動」を担っていた組織で、木村が議長をやっていたところだが、その木村を追い出して議長の座に就いている針谷氏と会うようになった。彼とは、他の義勇軍メンバーらと共に、二・二六叛乱将校が自決した病院跡に行ったことがある。維新烈士を讃える者なら誰でも知っている場所である。熱海の海を見下ろす小さな山の上だ。現在、そこは雑草が生い茂っているが、昔は見晴らしの良い病院の庭だったそうである。そこで私と義勇軍メンバーは、一升瓶の酒を回し飲みしながら、「これからの民族派維新を遂行する為には、チンチンタラタラした街頭暴力やロビー活動ではだめだ。反権力のテロリズムしかない！」という話になった。もっとも、そこにいる面子が面子だけに、みんな酒に酔っ払うと何を言い出しても可笑しくはなかった。

●自己批判書『Wの告白』

私が彼ら義勇軍と会ったのは、それが最後である。私は、その当時、武装闘争は肯定していたし、民衆の立場からの反権力テロも肯定していた。しかし、そんなことを平気で口に出す団体を信用してはいなかった。それは、私が一水会の組織活動を通した経験から言って、それと何ら変哲のないものを義勇軍に感じ取ったからである。

今思うと、それは組織論の無さであろう。行き当たりばったりで、行動手段ばかりを優先する活動から組織を作ろうとすれば、その組織はいずれ内部からの人間関係や活動上の齟齬が生じて解体する。今の一水会は、その繰り返しでメンバーはほとんど入れ替わっている。結局、木村氏を喰わせていくための集団でしかない。そういう危機感に対して私は、知らず知らずのうちに自己制御したのだと思う。

さて、話を戻すと、私は結局、義勇軍には入らなかった訳だが、彼らのメンバーとの付き合いは続けていた。その当時、義勇軍は新宿の大久保に連絡事務所を構えていた。私も何かと暇があるとそこに立ち寄っては、木村氏の愚痴をこぼしていた。そうこうするうちに、一水会事務所への足も遠のくことになる。

一水会もダメ、義勇軍もダメ、そんなように私自身が「新右翼」の組織活動から離れて、自分の考え方を模索している時期だった。何気無く新宿の書店に立ち寄ってみると、私の関心を惹く本を見つけた。『カレン民族解放軍のなかで』というタイトルは、妙に懐かしさを覚えた。著者は、西山孝純という。アジア文化社から出版されていた。手にとって本を開いてみると、そこには見覚えのある顔があるではないか。そうだ。この著者こそ、あのカレンで義勇兵のアドバイスをしてくれた西川孝之氏であった。

「そうかぁ、ペンネームを使っているんだな！」。そう私は思った。無理もない。本の内容は、著者自身がビルマ兵を攻撃した事まで書いてあるのだ。いくら今の日本に「外国の戦闘に参加した者を罰する法律」が無いからといって、さすがに本名は伏せたかったのだろう。私は、思い切って著者である西山（西川）氏に手紙を書いてみた。アジア文化社の編集部宛だ。すると、二週間ほどしてから著者から返事が届いたのだ。これには嬉しかった。最初に会ったときからすでに三～四年が経過している。

彼からの手紙では、もう私のことはあまり覚えていないようだったが、「少なからず、マナプロウを知る者同士として挨拶を送ります」という出出しで記されていた。そこには、当時のカレンの情況や彼の今の関わり方なども書かれていた。第一空挺団出身の、日本人義勇兵の戦死についての感想もある。また、カレン民族もかなり苦戦を強いられているらしい。手紙によると、彼は京都の実家に自分の活動について一切知らせていないようだった。そして最後に、「この手紙を出した後、すぐにカレンに向けて出発します」とあった。

そんな、手紙を貰ってしまうと私は、「自分が今まで何をやっていたか分からない。せめて、これまでの自己批判と総括を」と考えるようになっていったのである。

●天皇制への疑問

私は、自分の関わってきた右翼活動の総括として、どうしても考え方に区切るをつけるべきと感じた。それは、ただ一水会での活動総括だけではなく、天皇制への批判が不可欠だった。それなくしては、自分が一歩も前へは進まないだろうとさえ思ったのだ。

以前から私の感じていた矛盾が、そのなかで一気に噴き出すことになる。それは、この自分が生まれ育ってきた日本国家の歴史が物語っている。書物として書き記されている最古の歴史書、「古事記」からしても天皇の祖先が「まつろわぬ神々を初めとする国津神ら」を騙し討ちで殺し、その土地を侵略してきた内容が描かれている。その書物の信憑性は定かではないが、少なくとも我々日本人はそのような歴史に対してもなんら悪びれることとすらない。神武東征や新羅征伐にしても、蝦夷叛乱の討伐なども、これら侵略と略奪の歴史を肯定している。中世になっては、琉球の侵略、蝦夷のアイヌ支配と収奪。そういう社会構造のなかで生じる弱者切り捨ての身分制。被差別部落の存在。こういう日本社会のすべての矛盾を踏み台にして、天皇を価値観の頂点に掲げる社会が存在している。日本が侵略国家であることは、何も近代になってからではないのだ。日本（大和朝廷）の成立過程そのものからして、侵略と殺戮の道程なのである。残念なことは、むしろそのような形の日本国家と天皇家の現在があることに、「誇りを持って」生きている者すらいることだ。

私は、テロリストになろうと思った。自らを標的にして、自らの心に刃を突き立て、自らの心の底に隠れている天皇主義を、木っ端微塵に爆破しようとした。「天皇主義」とは何か。それは、己の欲望に自らを支配され、自分さえ気持ち良ければいい。自分さえ富が得られればいい。そのような利己的な感情に支えられている、収奪の正当化である。「大和朝廷」の雅やかなど、虐げられた者たちから奪い取った富で、チャラチャラと着飾った奴らが巣食う、化け物小屋同然だ。

そう考え出すと、まるでマラリヤの高熱から覚めたように、自分の気持ちが吹っ切れたのである。私は、自衛隊を辞めてから慌ただしく移り変わる身の周りの変化に、どうしても付いていけないところがあった。しかも、周囲の関係性にあまりにも無頓着であった。もっと早くに、カレン民族闘争そのものの意義を自覚できていたなら、おそらく右翼団体などに参加しなかったであろう。それでも、「今からでもまだ間に合う」、そういうつもりで私は、『元新右翼活動家の総括と自己批判　「Wの告白」制作W』を小冊子状にまとめたのだ。

そしてある晩、私はその下書きを持って一水会本部事務所を訪れたのだ。まだその頃は、私も一水会メンバーらに懐かしさがあった。手ぶらで事務所を訪問するのもと思って、缶ビールを何本か買って行った。事務所のなかには、まだ夜七時頃だったが学生も含め、若い者五～六人が屯していた。彼らの一人は、すでにその日の「仕事」を終えて酒が入っていた。酔っ払いながら私に向かって、「おお～同志ぃ～、元気かぁ～同志ぃ～」などと言ってくる。そこでの私は、とくにメンバー個人の人格や、組織活動への批判は行わなかった。主に、天皇（大和朝廷）という思想的な批判を彼らに対して語った。それでもはじめのうちは、私が冗談半分に言っているのだろうと思ったのか、彼らはふざけ半分で反論していた。だが、そこに持って来た『Wの告白』を彼らに読ませると、周囲は静まりかえった。

「なんじゃこりゃ！」と言う者もいた。それでも、ちょっと年上のメンバーはその場をフォローしようとしてか、「まあ、渡邉君も少し見ない間にいろいろ考えるようになったねえ。前は何も考えていなかったけど」などと茶化す。そこへ、酒の勢いもあったのだろう。学生の一人が、「死んでください。渡邉さん、今すぐ死んでください」と真顔で言うのだった。

それこそ、彼らにしてみれば民族派活動それ自体への自己批判などと言ったら、まったく信じられない「敗北主義」としか受け取れなかったろう。しかも現在、自分たちが参加している運動に対する批判など、まったく許しがたいものとして写ったに違いない。でも、それは私も自覚していた。その場でヤキを入れられても仕方がないと内心思っていた。

右翼社会には、「自己批判」という概念が存在しない。彼らにとっては、自己の間違いを自ら自覚したのなら、その場で腹を切って自決することが「正しい在り方」なのだ。それこそ、今で言う「自己責任」の論理を原理的に表現したものである。だが、大抵の右翼は利己主義者の本性を持っているので、絶対に政治活動上の過ちなど認めない。それどころか、過去の右翼・軍国主義の犯罪性を正当化することに躍起になることしか出来ない。つまり、彼らは「切腹」をする勇気が無いだけである。ましてや、そういう論理的拘束を打ち破って「生き恥をさらしても」自己批判するという者は、彼らの目からは「負け犬」という烙印を押されるのだ。

私もかつてはそうだったが、右翼社会は「動物の犬社会」と同じような関係性の構造で成り立っていると考えられる。強い者に付き従い、弱い者、敗北者は徹底的に集団で痛めつけられる。そして最後には、群れから追放されるしかない。それでも追い出された者が、群れのリーダーに報復して勝てば、それまで敵対していた者が新しい勝者に付き従う。こんな社会的関係性なのであった。私は、そんなものにうんざりしていた。例え、「裏切り者」や「敗北主義者」と言われても良いから、彼らに私の理解したことを少しでも共有させたいと考えていたのだ。

第4章　レバノン——パレスチナ

奥平さん、安田さんの墓参りをする岡本公三さん

●アナーキズムへの関心

私は、一水会を辞める数ヵ月前から、アナーキズムという思想に興味を持ち始めていた。その頃から、アナーキスト連盟発行の『自由意志』という機関紙を購読していた。今思えば、ごくありきたりな「ユートピア論」でしかないのだが、当時の私にとって一水会にいた頃には具体的にイメージされなかった、異なる文化の共同性論や相互扶助といった社会関係論などが書かれていて興味深かった。それと、ヨーロッパのラジカリズム情報などもまだ若かった私にとって、新鮮味のあるものとして感じられたものだ。

今でこそ言えるのだが、『自由意志』編集人脈は、九三年頃から天皇主義民族派と水面下での交流があったというわけだ。それが逆に功を奏してか、私のような者が「左」の側に引っ張られるきっかけを作ったと言えよう。この『自由意志』は、「北朝鮮・金王朝批判」をやった。そこまでは良かった。ところが、編集部が広島に移ってから、天皇崇拝の「三島由紀夫・森田必勝の評価」を取り上げていたようだ。現在では、広島の編集者が病気で倒れて廃刊になっている。

だが、まだその頃は、そんなに開き直った内容ではなかった。むしろ、「右」から「左」に転向しようとしていた私にとっては、「良い呼び水」になったくらいだ。そんなわけで、私はその機関紙を一水会を辞めた後も一年間くらい購読していたと思う。ときどきのイベントでは、故山口健二氏の呼び掛けでつくられた、アナーキスト・サークル、スリーエー（ＡＡＡ）の会に、二回ほど参加したことがあった。私には、「アナーキストという人たち」がどんな感じなのか興味があった。

場所は、早稲田大学近くの公民館の会議室だったと思う。そこで『自由意志』読者の集い、というものをやっていた。私は、まったく彼らの活動のことなど分かりもしないくせに参加してしまった。参加者の話を聞いていても、どうリアクションをしていいものか迷ったものだ。そこでは、最後にそれぞれの参加者の意見を聞いて回るのが通例となっているらしかった。私の番になって困ってしまい、「運動には参加したことのない初心者ですが、これからもこういった場には顔を出したいと思います」などと、適当なことを言ってかわすしかない。おそらく、彼らから見たら、「思いっきり怪しい奴」と思われてしまっただろう。それでも、主催者である山口氏は、笑って頷いてくれた。彼は、そのときすでに、だいぶ病気で体が弱っているらしかった。参加者の話の最中も、「体が痛いので横にならせてほしい」と言って、折りたたみ椅子を並べて、そこに寝そべって話を聞いていたくらいである。私は後で知ったが彼は癌だったそうだ。

それからしばらくして、私は新宿の模索舎というミニコミ書店によく通うようになった。この店は、一水会時代から機関紙の集金などでたまに立ち寄っていたが、自分からここに売っている運動関係の本を買うようになったのはこの頃からである。私は、この店で一時間以上立ち読み

（シャガミ読み）していたこともあった。それでも、不思議と店員は私に気づかないで放置してくれる。そんな店員にも、さすがに長時間私がアナーキズムの本ばかり読んでいることがバレてしまうと、何か言わざるを得ないのだろう。本を読んでいる私に、わざと聞こえよがしに「もし、日本で無政府主義革命が起きたらオレは亡命するね！」とか、「ありえないって、そんなこと！」などの話し声が、店員同士のお喋りで店のカウンターの奥から聞こえてくる。そこでようやく、「あれっ！」と我に返った。

しかし何といっても、模索舎の魅力はそういう書籍の類ではなく、ミニコミであった。現在では、高校生に「ミニコミ読む？」と聞くと、「何ですかそれ。ミニ・コミックですか」と真顔で聞いてくる。これは、「ミニ・コミュニケーション」の略語である。「マスコミ」、マス・コミュニケーションに対比する、大衆の情報伝達手段としての造語だ。最近、そういう言葉自体が忘れられて久しい。もうちょっと古い世代には小冊子とか、パンフと言われていた読み物だ。

このミニコミのなかで、私が興味を持ったものに「東アジア反日武装戦線」系のものが何冊かあった。そのすべてが獄中救援団体で発行、または再発行したものである。それらのタイトルだけ見ていても面白かった。「狙撃兵」とか「反帝反日通信」とか「反日双書」、そして「腹腹時計」である。しかもその編者名が、「東アジア反日武装戦線KF部隊（準）」などとある。私など最初は、「こんなものを売っていて大丈夫なのか？」と思ったほどだ。私は、興味半分であたかも「非合法のドラッグ」に手を出してしまうつもりで、ついつい買ってしまった。なかには、新しい表紙のものまである。それを手にとって見ると、「叛逆せよ！」と書いてある。内容を読むと、まるで「今にでもテロを起こそう！」と言いたげであった。著者は、村木苦悶乃助だ。これも買ってしまう。そして、「そうか、みんなこうやって自分の言いたいことをパンフにしているんだ！」と思い、自分もこれまで書き溜めていた『Wの告白』があることを思い出したのだ。

そこで私は、この『Wの告白』をページ割して一冊のミニコミにした。模索舎に五〇冊限定で納品したのである。これが初めは、「どうせ売れないだろう」と思っていた。それが二カ月で全部売り切れ。追加を出してくれと店から言われたが、結局それ以上増刷することはなかった。なぜなら、これは本来、私個人の総括と自己批判なのであって、必要以上売り物にするような代物ではない。そんなわけで、「幻のミニコミ」となってしまった。

あの頃は、今のようにインターネットが普及する前だった。だから、紙の印刷物情報はとても役に立った。私は店に行くと、必ず紐で店頭にぶら下げられているチラシを何枚も貰っていった。これには、いろんな集会や講演会のイベント情報などがあり、この当時はこういうものでもずいぶんと重宝したものだ。

それ以降、私が関わってきた救援関係の機関紙やリーフレットを、よくこの店に置かせてもらうようになり、いまだにこの店にはお世話になっている。

●東アジア反日武装戦線の救援

この頃になると、私は何かと仕事の合間を縫って、無党派系の集会や講演会に顔を出していた。そうすると、だいたいみんな私の顔を覚えはじめてくる。いろんな人から「オルグ」の声が掛かってきた。まだ私も若かった。ある講演会などで「質疑応答」になると、「せっかく、参加したのだから何か言わなくては……」と思い、何でもいいから意見を言うようにしていたものだ。「積極的に」というより、むしろ意地になっていた。「右から左に」という自分の立場性を表明したかったのだと思う。

こうして私は、「東アジア反日武装戦線への死刑・重刑攻撃と闘う支援連絡会」という、むちゃくちゃ長いネーミングの団体と関わることになる。この団体を反日救援界隈では、略して「支援連」と呼んでいる。まだ西日暮里に事務所があった頃、付き合いはじめた獄中者救援団体である。

ちなみに、この「東アジア反日武装戦線」とは、救援当該者の組織名である。七〇年代になって、全共闘ノンセクト系の活動家たちがいったん公然の運動から退いた後、再び非公然として武装闘争を行ったグループのことである。彼らは、ベトナム反戦闘争が反帝国主義を軸として闘われるなか、米軍が日本を侵略戦争の拠点としていることを暴露した。そして日本企業も、積極的に戦争に加担していてその体質が変わっていないことを、武装闘争を通して暴露したのだ。彼らは、これらの闘争を「日帝本国人として自ら、被抑圧者人民と連帯する！」とした、連続企業爆破闘争を行ったのだ。

そのような闘争を行ったメンバーら七名が、七五年に一斉逮捕される。その後、彼らの友人やその「反日闘争」に共感する人、そうでなくても人権運動に関わる人たちで救援会が作られていった。その救援会も何度か改組されて、私が関わった支援連になった。

逮捕された者のうち、大道寺将司、益永利明両氏に、八七年に死刑判決が確定した。当然、私は彼らに会ったこともない。それでも、彼らの再審請求を提出する研究会に参加した。さらに、裁判支援と並行して、「東ア反日」被告一般の救援運動にも関わるようになっていった。

その支援連事務所には、いろんな人が集まってきた。とはいっても、公安警察の考えるようなものではない。みんなそれぞれ、面白い個性を持った人たちである。私は、この集まりで定期発行のパンフ、「支援連ニュース」の編集や発送作業の手伝いをやった。この作業でとくに大変だったのは、当時まだパソコンも古いタイプで文字を打っても編集ソフトがない。それだから、むしろワープロで文章編集した方が早いくらいであった。だから、当時の版下作りはケント紙を使って、そこにプリントアウトした文章を切り貼りしていた。もちろん担当者は、自分の職場から事務所に直行して作業をする。とても一日では終わらないのだ。しかも、原稿が締め切りに間に合わなければ、急遽、誰かに別の文章を頼まなくてはならないのだ。それでも、「愚痴をこぼし」ながら何とか手伝って終わらせる頃には、なぜか缶ビールがあちこちに転がっている。こういうとき、決まって誰彼となく出てくる決まり文句が、「酒が入ると仕事の効率が早いんですよ!」だ。本当か、と思ってしまう。こうして、何とか無事に割付を終わらせる頃になると、ちょうど夜の一〇時頃になっている。

「じゃあ、みんなご苦労さん、と言うことで。ちょっと、飲みに行きますか!」と、こんな感じになるのだ。これが発送作業のときとなると、人数が多ければ早く終わるが、三人くらいだと翌朝まで終わらないこともある。そんな訳かどうかは知らないが、支援連の冷蔵庫には酒瓶が絶えたことがなかった。別に、酒ばかり呑んでいるわけではない。これも、数あるコミュニケーションのうちのひとつなのだ。

私は、この「東ア反日」被告、大道寺氏と益永氏という死刑確定囚の救援を通して、裁判闘争というものを初めて知った。それまでは、法廷用語すらまったく知らなかった。私が救援を通して主に手伝ったのは、意見陳述書のコピーや公判傍聴の記録をまとめるといったことなどである。たいしたことではないが、それなりに裁判資料に目を通すことがあれば、被告になっている獄中者の個性とか考え方の移り変わりなどが、その文章から垣間見れる。

彼らが、警察の取り調べや家族への弾圧で、権力との闘いのなかからつかみ取るもの、反日闘争と獄中での日々の闘いから得る、総括と自己批判を知ることができた。それは、私のように右翼を辞めた者も、当初は、かなりストイックになったこともある。そして、反日闘争を始めた頃の彼らが、自らを「日帝本国人」と規定した気持ちが、まるで自虐的になっていた自分のように感じられたのである。そんなこともあって、私も彼らの獄中からの手紙や意見陳述書の記録を読んでいると、彼らが逮捕された当初、どんな気持ちでいたかと悔しさが込み上げてきた。彼ら七名のうち一人は、逮捕直後に青酸カリのカプセルを飲んで自殺している。さらに、警察やマスコミによって「その協力者」とフレームアップされた者も、数名が自殺に追い込まれている。私は当時、自分がもし同じ立場だったら、どんな気持ちだったか考えた。そして、こういう弾圧を行う警察、マスコミの報道の在り方を許せないと感じていた。そういう意味では、彼らの闘争が正しかったとさえ思った。つまり、その救援に関わっている当時の私は、未だ抑圧された人民を解放するための武装闘争を肯定するという考えだったのだ。

私自身がその闘争に拘わりがなくとも、武装闘争で闘う世界の民衆の闘争に共感してしまうところがあったからだ。つまり、その頃の私は、暴力の本質を捉えきれないでいた。自分の内面にある、天皇主義を否定したつもりだった。しかし、それだけではただ、「敵」と見なす対象がすげ替わっただけに過ぎない。反日・反天皇制の立場から、ただ単に「敵にやられた報いをやり返す」という、報復する側の論理を正当化して捉えていた。私は、未だ軍事的な観点で物事を捉えていたのだった。

九五年三月には、日本赤軍メンバーの浴田由紀子さんがルーマニアで秘密機関によって身柄拘束され、国内で再び逮捕された。

彼女は、一九七四年から七五年にかけて、東アジア反日武装戦線「大地の牙」部隊に参加した。この部隊は、三井物産、大成建設、間組、韓国産業研究所、オリエンタルメタルへの爆破闘争を行った。そして、七五年五月一九日、警視庁公安によって一斉検挙された。ところが七七年九月、ダッカ闘争と呼ばれる日本赤軍のハイジャックで、「超法規的措置」として釈放された。その浴田由紀子さんの救援も立ち上げることになった。

私は、支援連の「常連客」ではあったが、専従メンバーではなかった。そこで、新しく立ち上げる浴田由紀子さんの救援も兼ねて関わるようになっていった。「ゆきQ・浴田由紀子さんを救援する会」が始まった。発足のときは、何人くらい集まったか忘れてしまったが、「東ア反日」救援に関わった人たちや、丸岡修、泉水博さんらの救援に関わった人たちも参加してくれた。そのほとんどの人は、それなりの活動経験のある人たちばかりだった。が、私、そして私と同じ時期に救援に参加した二人の男性は、救援はおろか左翼的な運動に参加すること自体が素人だった。当時の私は、二七歳である。他の二人も三〇代前半だ。四〇〜六〇代の人たちとのギャップを感じずにはいられなかった。

まったく初めての経験だったが、「若い者」というだけで何かと役割を安請け合いしてしまう傾向があったと思う。今、振り返ると「ちょっと、無理しすぎたかな」ということだ。一月に一度、救援会の会議が行われる。「ゆきQ・ミーティング」という会議である。それに加えて、また支援連の会議だ。さらにもうひとつ、丸岡修さんの救援にも参加するようになった。それ以外も、獄中者の面会・差し入れに「メッセンジャー・ボーイ」として行くこともある。チラシ配りの情宣を兼ねて、他の政治集会や大衆集会、デモにも参加する。それでも、学生なら何とかこなせるだろう。だが、私は泊り込みの多い仕事に就いている身だった。夜勤明けで眠くても行くことがあったので相当大変だったが、それが今となっては良い経験だったと思う。ただ、一番辛かったのは、そういう掛けもちで「あれもこれも……」とやり始めると用事が重なってしまい、頼まれたことが中途半端に終わってしまうことだった。

とにかく、集会場の申し込みから、実行委の立ち上げ、ビラ作り、さらにはデモ申請まで、まったく先輩たちの見よう見まねで覚えるしかない。右翼にいたときとはまるで違う、新しい発見の連続だった。

ゆきQに関わっていた頃の私は、主に浴田由紀子さんの公判報告として、『YukiQ Schedule Mail』というパンフを公判ごとに発行していた。これは、被告である浴田さんの裁判報告と、傍聴人からの報告や感想を記事にまとめたものである。その他、イベント報告や投稿文なども載せていた。

そこに投稿してくる他の獄中者の人からも、いろいろと指摘やお叱りを受けつつ、それでも何とか一年近くは続けられた。こういうこともその後の私には、良い経験になったものだ。

●東京拘置所へ面会・差し入れ

　これは、獄中救援に関わった人なら、まず手始めに立ちはだかる関門であろう。私も最初は、あの東京拘置所の面会所では緊張したものである。その東京拘置所は、今でこそ近代的なビルの獄舎に改装したが、当時はまだ古い管理棟や面会室だった。案内の掲示板も、何やら漢字とカタカナの旧仮名使いで筆書きだった。周囲を高いコンクリート塀で囲まれて、雰囲気が威圧的で陰鬱とした印象だった。だからといって、今の獄舎が素晴らしいという訳ではない。昔ならそれでも、外の景色や樹木の様子、風や匂いなどを感じられたのだが、今はそれすら無い。まったく閉鎖された空間なのだ。

　私が面会待合室に入って驚いたのは、ずいぶんとやくざ者が多いことであった。この人たちとは、右翼のとき以来、まったくお目に掛かっていなかった。おそらく、この拘置所に収監されている組関係の者には、抗争などで対立する組織の人たちがたくさん入っているのだろう。面会に来る人も組関係の構成員だろうから、「よく平気に同じ場所でおとなしくしていられるものだなあ」と考えたものであった。

　それと、面会受付の係官である。今もまだ以前からの人が担当でいるが、やはり、今だと以前よりも人間的な接点がなくなってしまった。係官もわたされた面会票を受け取るだけで、交わす言葉はすべてマイクによってしか通話できない。前のように直接、肉声で話が出来れば、いろいろ質問や会話も出来たのに何だかしらけてしまう。

面会室は、以前の殺風景な部屋と比べれば、確かに良い。完全冷暖房完備のロビーの椅子に、腰掛けて待つことも出来る。それも、どのようにシステム化されたのか知らないが、前ほど長く待たされなくて済むようになった。この点はお年寄りの面会者にすれば、気の利いた感じだろう。それでも面会時間は変わらない。三〇分の規定のはずが、せいぜい一五分くらいしか認められないのである。

差し入れといえば、私が救援に関わっているときに「領地品制限の規則」が改定されてしまった。これは、そもそもの理由が獄舎の「建て替えにつき、移動するの為の所持品制限」だったはずだ。それが、今になっても元のように戻ったという話は聞いていない。それ以前なら、獄中者の領地品（所持品）は、持てるだけ倉庫に預けられることになっていた。だから、書籍などを持っている人は、それこそ、ちょっとした古本市が開けるくらいの量を持つことも出来たのだ。獄中者でも在監が長引く人なら、その間に裁判に関わる資料や参考書籍などを必要とするものだ。それすら制限するとは、長期裁判をひかえる人にとっては単なる嫌がらせでしかないと言える。

その他に、差し入れでは観賞用の生花や食料・日用雑貨品などもある。獄中者が一番欲しがるものが、布団一式である。官品でも布団が支給されるのだが、これが「せんべい布団」というくらい、ぺしゃんこで弾力の無い物だと聞かされた。だから私などは、拘置所の外にある民間委託業者経由で販売されている布団を差し入れたこともあった。これなら、寒い冬場の夜でも何とかしのげる。後は下着類であるが、冬に股引は必需品なのだ。下着はあればあるだけ良いだろう。食料は、決まった食事が拘置所でも出されるが、長期在監者にとってはあまり健康的な代物ではないようだ。とはいえ、差し入れできる物は、缶詰、お菓子、チョコレート、アメ、唐辛子くらいで、とても野菜類は無理である。しかも、それら委託業者で販売している品の値段は、市販の倍以上するのだ。それでも、そこで購入しなければ差し入れが出来ないとあって、面会人たちは仕方なく高い値段の物にお金を払う。これはいわば、売値の他に「消費税＋差し入れ手数料込み」である。

手紙類や小包などは、検査・検閲も受けるので通常より時間がかかる。だから、速達郵便など出しても意味が無い。私もこれで何度も獄中者から注意された。急ぎで知らせたいことがある場合、郵便の電子メールや電報などを送ることも出来る。私は、こういう救援をやりながら思ったのだが、獄中からもインターネットにアクセス出来るようになれば、「こんな通信での煩わしさなど一変に解消されるのに」と思ってほどだ。せめて電話でも掛けられるようになればと思うのだが、日本ではそうもいかない。

●野宿者支援の運動

この獄中救援の活動をする傍ら、私は以前からのアナーキスト関係の付き合いから、新宿・渋谷で野宿労働者の生活支援を行っているグループの活動にも参加していた。といっても私の場合は、恒常的な活動としてではなく、いわゆる臨時の「助っ人」、ボランティアとしての参加だ。これは、ちょうどその頃に渋谷で生活する野宿者に対して、渋谷センター街で遊び歩いている少年たちが集団で暴行を働くという事件をきっかけとしていた。

これは、渋谷区のとある公園に深夜、「チーマー」風の少年たち数名が、ダンボールハウスに寝泊りしていた初老の女性に対して、突き飛ばしたり蹴ったりなどの暴行を働き、ダンボールハウスを壊すばかりか、粉末消火器を初老の女性の頭から吹きかけるなどの乱暴を行ったことである。そこで、新宿・渋谷野宿者生活支援連絡会、通称「のじれん」が、緊急で夜間パトロール・ボランティア募集した呼びかけに私も応じたのだ。このような、何の抵抗も出来ない人たちを襲撃のターゲットにするような連中を断じて許せない。「のじれん」の呼びかけに私も含め、一〇名近い学生たちがボランティアとして参加したのである。

その夜間パトロールは一週間くらい続けられたが、私は仕事もあるので三日間だけの参加だった。それでも、学生ボランティアたちと一緒に、夕方から野宿者のダンボール集めの手伝いをしたり、マクドナルドの「シルバーバッグ」のなかから食料調達の手伝いなどもやった。これを実際にやってみると、簡単なようで結構な労働であることに気が付いた。ボランティアたちは、それぞれ幾つかの班に分かれると、野宿者の指導の下に彼らの仕事の助手として働く。そして、私と三人の学生もひとつの班として、「親方」の手習いで渋谷地下街をダンボール集めに奔走したものだ。さすがにやり始めの頃は、野宿者の後についてダンボールの束を抱えた若者たちを見る、周囲の視線が気になる。とくに帰宅途中のサラリーマンやOLらの、まるで人を見下すような冷たいまなざしが嫌で、肩をすぼめながらとぼとぼ歩いていたものだが、慣れてくるとそんなものはまったく気にならなくなるものだ。仕舞いには、自分から率先してダンボールを見つけに行くようになっていた。

また、巡回の仕事もあった。これは「のじれん」のメンバーに連れられての見習いであったが、普段の生活をしていたのでは聞くことの出来ない野宿者が抱える悩みや不安、そして要望を知ることが出来た。私も、野宿者に「今、どんなことで困っていますか」と尋ねてみると、「寒いね。この歳になると腰に堪えるよ」と言うので、配布用に持ってきた袋入りの「ホカロン」とパック入りの五目飯を彼に配った。すると、「ありがとうございます」と両手を合わせ、深々と頭を下げて礼を言う。私が何も言えないでいると、その脇からメンバーが野宿者に向かって、「大将、元気出さなきゃダメだよ！」とデカイ声で発破をかける。こういうときは、デカイ声で励ますに限るのだ。すると、「エヘヘ、いやぁそうですねぇ」と頭をかきながら彼も笑顔で応じる。

彼らは、いつも昼間は路上に座ったり寝そべっているが、誰も普段声を掛けようとすらしない。彼らも、私たちと同じメンタリティーを持っているのは当たり前だ。このように、気に掛けて声を掛けてもらえることは、彼らの心の支えや励ましにもなることを私は学んだ。

そうして、私たちは夕方から夜まで、野宿者の手伝いや巡回を終えると公園に戻ってきた。そこでは、支援メンバーらが十数名の野宿者たちに晩飯を配っていた。パック入りの五目飯である。私たちボランティアも配るのを手伝い、一通り行きわたるのを確認してから自分たちも同じ物を食べた。すると、みんなで公園の片隅で談話をしながら食事を取っているところへ、見るからに一際みすぼらしい野宿者が一人、とぼとぼと公園のなかに歩いてくる。みんなそれに気が付いた。ところが、一緒にいた他の野宿者たちが彼を追い払おうとするのだ。「何故か？」と私が尋ねると、「あいつはハグレだ！」と言う。どうやら、彼らにも仲間内のテリトリーと決まり事があるらしい。そして、そういう決まり事に従えない者は、テリトリーから追放されて一人ぼっちで生活する「ハグレ」になってしまうのだ。

その彼が私たちの前に現れて、物欲しそうにこちらを眺めている。夜の公園で街頭の薄明かりに照らし出されるその姿は、まるで幽霊のようだった。私は、支援メンバーたちの方に目をやったが誰も動こうとはしない。おそらく、野宿者の流儀に従っているのだろう。見るに見かねて、「とりあえず、話でも聞いてみよう」と私は彼に近寄った。野宿者たちの臭いなど慣れてしまったつもりの私だが、彼のそれはまた一段と強烈だ。正直言って吐き気がした。「こっちに来て一緒に食べませんか？」と言う私の声が聞こえたのかどうか知らないが、彼はブルブル震える手でボロボロのコートのポケットから、何かの塊を取り出して私の前に差し出した。よく見るとそれは、ふやけたフライドチキンだった。

「これ、あげる……」

そう言う彼の目はうつろだ。さらに、間近で見る彼の出で立ちは、髪がボサボサで髭も伸び放題。ボロのロングコートの下に見えるのは、黒く汚れた股引とサンダル履きだった。そして、彼の汚れた手から差し出されたフライドチキンを、この悪臭のなかでさすがに受け取るのを躊躇した。それでもなお、彼は震える手を下げようともせず動かない。仕方なく私は、彼の手からそれを受け取ると、つい反射的にフライドチキンの臭いを嗅いでみた。すると、かすかだが酸っぱい臭いがする。

「腐ってる……」、一瞬そう思った。

私の手のなかで、それはネチッとしていた。しかし、一度もらった物は返せない。そして、野宿者から物をもらった以上は、その見返りに何かを彼にわたすのが流儀なのだ。ちょうど、まだ余分にパック飯が残っていたので、私はそれを彼に与えた。彼は、軽く会釈をするとそのまま、また公園の外にとぼとぼと歩いて行ったのであった。

私は、再びみんなの元に戻ると、つい本音を口走る。

「いやー、まいったな！」

他の野宿者は、「いいんだよ、あんなの放って置いても……」

このような差別構造は、実は野宿者同士の関係にもあるということを知らされた。先ほどのあの人からもらったフライドチキンは、まだ私の手のなかにあった。これを食べるわけにもいかず、かといって野宿者の手前、食べ物を粗末にするところを見せるわけにもいかなかった。しばらく、彼らがこちらから気をそらすまで何くわぬ顔で雑談に応じている間中、ずっと、それは私の手のなかにあったのだ。どうにかみんなの目を盗んで、私はこっそりとそれをゴミ袋に捨てた。これが私の限界だったのだ。

●趣味のバイクでレポ

自衛隊を辞めて以来この方、私には趣味というものがなかった。ずっと、職場と活動しか見えないような生活。右翼を辞めて獄中者救援に関わりだしてからも、とくに彼女を作るわけでもなく、やたらストイックな方向を目指していた。

そんな生活にも限界があった。毎日の生活を職場や活動のことばかり考えているということは、ひとりの人間が抱えられるメンタリティーでは耐えられない。いつ頃からか、鬱になりかけている自分に気が付いて悩んだことがある。そんなときに、たまたま職場の友人のバイク雑誌が気になった。私はそれを、彼からちょっと借りて見せてもらった。

それまで私は、バイクなど高校のときにちょっと乗ったくらいである。二七歳になってまで乗る物だとは思ってもいなかった。ところがその友人は、三〇過ぎである。彼は、とりわけバイクが好きというよりは、「レア物が好き！」というタイプだった。その雑誌を見ている彼が、今いちばん興味のあるもの、それが中古の掘り出し物、HONDA CB250なのだ。

「それで……。いくらで買おうとしてるの？」と、私は冷やかし半分に聞いてみた。

「五万だよ。五万！」

「はぁ、五万？」

いくら中古バイクでも、まさか五万で買える訳がないと思った。

「それは、ちょっと安すぎるねえ」

「え、知らないの。これ、オーナーから直で買うんだよ」

そう、彼が見ていた雑誌は、バイク物だが「オークション雑誌」であった。

「それでオーナーとは、話がついた？」

「ああ、今度の日曜に受け取りに行く」

彼は、レンタカーの軽トラックを運転して、持ち主の実家がある地方の街まで買い取りに行くようだ。

「なんでだよ。買い取ったら自分でバイクに乗って来ればいいじゃん」

「だって、動かないんだよ。このバイク!」

何と、エンジンのかからないバイクを買い取ると言うのだ。これには驚いた。さらに彼は、その買い取ったバイクを「自分で修理する」と言うのだ。しかし、それも彼の趣味なのである。彼はレア物を集めては、それを一定期間自分で所有して、またそれをオークションにかけて、転売するということをやっていた。私は、「オークション」自体には興味がなかった。それでも、その後バイクを買った友人が、職場にまでバイクを持ち込んで仮眠時間にコツコツとエンジンを分解修理している姿が凄く楽しそうに写った。

そのときの私の職場は、夜勤、当務、日勤というローテーションの泊り込み施設警備だった。だから、ビルの地下にある駐車場の隅に、バイクを置く程度のスペースはあるのだ。こんな泊り込みの多い仕事でも、若いうちは何ともなかった。ただ、「自分の時間」を極端に制限されることが我慢できなかったのだろう。他の同僚たちも、それぞれ自分の趣味などを職場に持ち込んでいる者は何人もいたのだ。

そのバイクを修理している友人とは、それからというもの、職場で時間が空くとバイクの話に夢中になったものだ。次第に私は、「バイクが欲しい」と思うようになる。それでも、動かないバイクを修理してまで、とは思わない。どうせなら、すぐにでも走り回れる方が良いと考える。休日になると中古ショップを探し回った。中古バイク雑誌の情報などで、自分の予算に見合った出物を探す。丸一日探し回っても、希望にかなうものが見つからないときは次の休日、さらに次の休日。そんな感じで、バイク探しに結構時間を割いていた。探すだけでも、訪れる先々で中古ショップの個性が感じられるから意外と楽しいものである。

それで、購入したバイクがKawasaki Eliminator250SEであった。ネーミングが「駆除者」という嫌な印象だ。どうせなら「ペイル・ホース」の方が、かっこ良かったのにと思った。「こいつ」のお陰でその後、イベントに行くときには電車など使わなくても済むようになった。時間の節約にもなる。さらに、デモに出るときにもレポ（伝令・偵察）として使えたし、拘置所面会にはたいてい、これを足替わりにしたものだ。当時は、幹線道路以外は、一般道路や街頭に監視カメラなど設置されていなかったので、こういうバイクでの移動は公安の尾行をまくのにも役に立った。また、レポとしては都内のあらゆるところを走り回った。だがやはり、個人的にはバイクに乗るという趣味が出来たことは、それまでネガティブになりがちだった自分の生活に刺激を与えた。何というか、自動車と比べてバイクという乗り物は、走っているときに視野が狭くなり、スピードも出るので気持ちを普段以上に集中しなくてはならない。そんな状態なので、常に周囲に対して神経を張り巡らせる訓練にはうってつけであった。だから、それまでのネガティブだった状態など一度に吹っ飛んでしまった。

●気が付けばＪＲＡ救援？

ＪＲＡと言っても、「競馬関係」ではない。日本赤軍のことである。だからといって、何も私は、初めからＪＲＡ救援をするつもりではなかった。やはり、私が関わりだしたのは浴田由紀子さんの救援からだ。そうするうちに、裁判上の流れで彼女がなぜ、「ルーマニアで身柄拘束されなければならなかったのか」という審理に入る。そこで検察側の提出証拠に対する反証段階で、弁護側をサポートする救援（ゆきＱ）も日本赤軍について調べる必要があった。これらの作業を通して、私はもちろん、救援の仲間たちも初めて知るような、日本赤軍が担った闘争の中身や声明文を読むことになった。

幸いにも、「ゆきＱ・ミーティング」には、それまで丸岡修、泉水博さんらの救援に関わっていた人も参加してくれた。裁判上、これまでの丸岡氏らの公判で検察や裁判官らがどのような「訴訟指揮」などを行ったかアドバイスしてくれたので、救援だけでなく情報面でも助けられた。

浴田由紀子さんは、最初の公判での意見陳述で東アジア反日武装戦線の闘争によって被害にあわれた、多くの方々とその遺族に謝罪と自己批判を述べていた。これは彼女が過去に関わった闘争で、日本ブルジョア市民を「日帝本国人」として敵対視していたことへの総括でもあった。だが、その上でなおかつ階級的革命運動を国際連帯によって勝利させようとする意気込みが感じられる発言には、私も他人ながら彼女の力強さに圧倒させられたものだ。

それは、闘争の現場を体験してきた者が語る、実感のこもった発言だった。その後に、面会や差し入れといったことを通じて、私が受けた彼女の印象は、「革命家」という最初のイメージからちょっと違った、楽しいキャラクターだったので正直驚いた。もちろん丸岡修さんにも、別の機会で面会したときには、こちらが緊張する割に意外と穏やかなタイプだった。彼とは、何通か文通していたこともある。その文体から見ても、意外と「ひょうきんな人なのだなあ」と感じた。しかし、物事を原則的に捉える人なので、その点は厳しい人である。自分の仕事（文章投稿）に関しては絶対妥協しなかった。

このように、いつの間にか浴田由紀子さん救援から、丸岡修さん救援にまで関わるようになってきた。それというのも理由がある。丸岡修さんの「病舎入院」問題だった。私も詳しいことはよく分からなかったのだが、彼は長年の不衛生な拘置所生活で肺と心臓をやられてしまったらしい。拘置所には、建材に含まれるアスベストが房内に浮遊している。一説には、彼がそれを自然と吸引してしまったのではないかとも言われた。だが、それなら他の獄中者も大勢肺病になっておかしくない。まったく不可解なことである。

彼ほど体が丈夫そうな人でも病に倒れるのだ。九五年、私たちは弁護士を通じて彼が一時、危篤状態にまでなったということを知らされた。本当にこのときほど驚いたことはなかった。それまで、丸岡修さんの救援に関わっていた人でさえ、「まさか、あの丸岡が意識不明の重態になるなんて、今までまったく考えもしなかった！」と言ったほどである。

この出来事を契機として、救援会では獄中の医療問題というものを本気で考えるようになった。拘置所という施設は、刑務所と違って「刑の確定していない者」が一時収容される場所である。つまり、そこには未だに「犯罪者」とは断定できない者が収監されているはずだ。にもかかわらず、当時の拘置所医療とは病人に与える薬すら、その症例に適する治療薬を与えなかった。丸岡さんの場合は、狭心症と肺を患っていた。その彼に対して、当初、医務官の診察すら満足に受けさせないで、看守が「バファリン」などの鎮痛剤しか与えていなかった。こういう初期治療の「誤診」があって、彼の体は次第に病気に蝕まれていったのだ。本当に一時は、「結核ではないか」とさえ疑ったものだが、そこまで至らなかったのは不幸中の幸いだ。

しかし、獄中で病に倒れるということは、それだけでも大変なことである。救援の「帰国者の裁判を考える会」では、急遽、弁護士や支援者、そして他の獄中者救援を担う団体に声を掛け合い、東京拘置所側に医療問題を重視するように働きかけた。この働きかけの他にも、丸岡さんが裁判被告として証言できなくなると「日本赤軍の刑事責任追及が難しくなる」と法務省は判断したのか、丸岡さんに対する医療措置は改善された。それでも、まだ予断を許さない状態である。緊急な専門治療をする必要性があるとして弁護側は、丸岡さんを獄外での民間病院へ入院させるよう法務省に求めた。しかし、法務省は民間医療施設に彼を移送することは、「奪還される恐れがある」などの理由で認めることはなかった。

丸岡さんは、病舎へ移されて実質的な入院となった。私は、この「騒動」があって以降、ゆきQから「帰国者の裁判を考える会」に参加するようになっていった。もうこの頃になると、一月のうちに何らかの会議に参加する件数が、かなり増えてしまった。多いときになると、毎週一回は、何らかの会議に参加しなくてはならなくなった。夜勤勤務や他の活動の準備やリーフレットの編集・発送作業などをするとなると、とても間に合わなくなってしまう。そこで、各パンフへの文章投稿を別として、会議への参加を「帰考会」ひとつに絞ることにしたのである。

私は、「帰国者の裁判を考える会」の毎月発行（当時）の獄中情報交換誌『ザ・パスポート』の編集を任されることになってしまった。これは、もともとは会のメンバーだった檜森孝雄さんが手がけていたものだ。しかし、諸般の事情のため、彼が会を引退することになったのだ。それで私が引き継ぐことになった。とはいえ、私はこの会に入ったばかり。まだ救援対象者の政治的立場が、どのようなものであるかすら分からなかった。しかし、ゆきQで関わってきた救援活動の感覚で、「当該・対象者の政治的立場に捉われず、市民運動の感覚」で関わっていけばよいと考えていた。ところが、それが間違っていたと思わされるのは後になってからだ。市民運動の感覚で『ザ・パスポート』の編集を行っていた私に対して、獄中者からのクレームがあった。以後、私は編集係から外されることになり、『ザ・パスポート』の投稿欄も政治的な内容が増えて徐々に機関誌化していった。

先に述べた檜森さんだが、彼は二〇〇二年、日比谷公園で焼身自殺した人である。一九七一年、彼はパレスチナにいた。七〇年安保闘争は敗北し、全国全共闘の発足は全共闘運動の終焉を意味していた。党派政治に展望を見出し得ない部分は、現実の亀裂にパルチザン化していった。この過程を経て檜森さんは、「京都パルチザン」のひとりとして、アラブ赤軍に合流するためパレスチナやレバノンに渡っていたのだ。彼の参加していた京都パルチザンは、具体的な組織や指導部があるわけではなかった。参加者が一人ひとり、無名のまま闘争に参加していく「個人的共闘」のような集団だった。彼や彼と共にパレスチナに渡った京都パルチザンの仲間たちは、アラブ赤軍と政治路線において必ずしも一致していなかった。ただ、武装闘争を統一戦線型スタイルで連携していこうとしたことは確からしい。

私が知り得た彼の過去は、この程度でしかない。むしろ、その後の九六年以降の救援関係を通しての交流なら、彼の素顔を語ることはできる。

話を戻すと、彼と初めて会った「帰考会」では、「この人は、ずいぶんと批判的な人だなあ！」という印象を受けた。何しろ、会の救援方針をめぐる話し合いの席で、なぜか堂々と日本赤軍批判をしている。私などは、なぜそういう話になるのかまったく理解できなかった。ある日、会議の始まるというときになって泥酔したまま会議室に入って来た檜森さんは、会のメンバーを名指しで罵倒していた。こういう彼の気持ちのなかにある憤りというものを、このときの私はまだ気が付かなかった。

彼は「帰考会」から身を引いた後、他の獄中救援に関わるようになる。そして、日本赤軍メンバーたちが次から次へと海外から送還・逮捕されるなかで檜森さんは、おそらく他の誰よりもいたたまれない気持ちだったのだろう。「同志たちが、命をかけて闘った結果が云々」とは、たまに酔って口にしていた言葉だ。だが、本心はそうではなかったと思う。七二年のリッダ闘争直前、レバノンでひとりの同志が海水浴中に溺れ死んだ。そのことを報告する任務を帯びた彼は、日本に帰国したのだ。その代わりに急遽、本当なら補欠要員でしかなかった岡本公三さんが作戦に参加することになった。だから、檜森さんがあのまま日本に戻ることがなければ、岡本公三さんの名前など誰も知らなかったであろう。檜森さんは、作戦に参加したサラーハ・安田とバーシム・奥平の闘いにずっと拘わり続けていたと思う。その意味では彼の時計は、あのときから動かなかったのだろうか。

その、長年止まっていた彼の時計を動かしてしまう出来事が起こった。九七年の二・一五弾圧である。レバノンの日本赤軍メンバーら五名と日本人支援者とされた三名が、現地レバノン警察に逮捕されてしまった。その後、支援者とされた三名の日本人のみが「政治的関与の疑いなし」として日本に送還されるや、レバノン刑務所送りになった五名の赤軍メンバーの救援活動が立ち上がった。

●レバノンへの派遣

レバノンでの裁判が始まった。逮捕された五人（足立正生、岡本公三、和光春生、山本万里子、戸平和夫）は、旅券偽造行使、不法入国の罪で起訴された。すると、レバノンの国会議員、弁護士、学生、労働者からなる救援組織も立ち上がり、街頭では逮捕抗議の激しいデモすら起こった。

こういうレバノン現地の市民運動に呼応するかたちで、日本側でも新たに救援を立ち上げた。しかし、これまでの国内の救援組織のような「政治性」のないものではなく、日本とレバノン、そしてパレスチナも含めて、政治的な国際連帯運動に発展させようとしていた。そして私たちは、レバノンで逮捕された赤軍五名を「ベイルート・5」と呼称することによって、民衆解放闘争の活動家を「テロリスト」と呼んで弾圧の対象にする潮流に抗する運動を立ち上げた。こうして、新たな国際救援団体、「ウナディコム・レバノン日本民衆連帯」が発足したのだ。

そこで私たち日本側は、まずレバノンとの交流を図るべく、現地から活動家や弁護士らを日本に呼んで互いに交流を深めていく企画を立てた。だが、日本側メンバーのほとんどは労働者であったために、どうにも活動できる時間にも限界があった。当時は、今のようにインターネット人口が多くはなく、メンバーのなかでもネット接続が出来るものは一人しかいないというあり様だ。

その一人が受けた情報をウナディコムのメンバーで共有するには、月に一～二回の会議を待たなければならない。今思うと、本当にマイペースな活動していた。とてもこれでは、国家権力の迅速な対応や組織だった攻勢に対して立ち向かえるはずがなかった。

他方、レバノンでは、ここのウナディコムがレバノン司法当局に対して、彼らの早期釈放を求めて働きかけた。日本赤軍のメンバーはもとより、何よりも岡本公三さんは、「イスラエルに対して、レジスタンス闘争を行った」人物である。こういう理由をレバノン政府に訴えかけて、何とか日本への引渡し要求に応じないように申し入れを行っていた。それでもレバノン司法当局は、彼ら五名に有罪判決を言い渡したのだ。三年の服役の後、五人そろっての政治亡命申請もむなしく、日本政府からの圧力に抗し切れなかったレバノン首相のハリーリは、二〇〇〇年三月一七日、司法側の判断を待たず、軍警察を使って岡本さん以外の四名を強制的に送還した。その結果、レバノン政府が政治亡命を認めたのは岡本さんだけだった。亡命許可の理由は、メンタルな病気を憂慮してのことであり、イスラエルの占領に抵抗した「英雄」ということではなかった。

もちろん、レバノン人たちも黙ってはいなかった。日本との利権関係を持っていたハリーリ首相は、日本政府の要求には逆らえない。そこで、大衆による抗議の矛先は日本大使館にも向けられた。ベイルートの各大学から、日本赤軍五名の送還反対を訴える抗議の学生たちが、日本大使館前まで迫った。しかし、その手前では、ジェネラル・セキュリティーの機動隊が阻止線を構えて近づけさせない。機動隊の放水車からは容赦なく、学生デモ隊の前面に水が発射される。こういう様子など、日本のメディアは一切報道しないのだ。ただ単に、法務省前の警備陣とか四名が護送される姿のみしか報じようとしない。これが、日本政府に去勢されたメディアの姿であると、このときから私は理解した。

その四日後に岡本さんは釈放され、正式にレバノンへの政治亡命を果たした。彼は、身柄引受人をレバノン人弁護士に引き受けてもらい、しばらくは友人の家に居候することになる。当然、政治難民なので難民認定を受けた証のＩＤカードもある。ところが彼は、病気を患っている身なので、一人での社会復帰は難しかった。そこで、現地のレバノン救援組織とも連絡を取り合いながら、彼の生活支援スタッフを「日本からも派遣してほしい」との連絡を受ける。とはいっても、これから新たに専門のヘルパーを雇って派遣するほどウナディコムは、資金的に余裕があるわけでもなかった。

岡本さんが釈放されることは、日本側救援のウナディコムにも、事前に現地弁護士を通じて情報が入っていた。私たちは、たった一人だけでレバノンに残される岡本さんの安否を確認することが、大事な課題であると予測した。なぜなら、すでに他の四名は日本に送還されてくる。残念だが、そうなれば彼らは、これまでのような獄中者の救援を行えばよかった。しかし、岡本さんはメンタルな病気を持っている。当時は、彼の病状がどの程度のものか、私たちも把握できていなかった。だからこそ、何としても直接にそれを確認しなければならなかったのだ。

応急的な確認要員として、私が選ばれた。私は、その前年にも、レバノンにウナディコムの交流活動で訪れたこともある。だが、ここで私は本音を述べる。実は今だから言うが、私は岡本さんの様子を見るために、わざわざ外国などに行くつもりはなかった。それでも行かなければならないと感じた理由は、他に行ける条件の者がいないこともある。それとは別に、それまで関わってきた救援活動というものが、私にとってどれだけ意義があるのか確かめたかった。また、成り行きに近いかたちで救援に関わった、自分に対する総括的な意味もあったと思う。

この情況のなか、二〇〇〇年三月二三日、私はベイルート空港に降り立った。空港には現地ウナディコムのメンバーが迎えに来ていた。彼らと合流した私は、いったんベイルート市内のホテルに一泊することにした。そこで、すでに先にレバノン入りしていたスタッフから岡本さんの状況を聞く。岡本さんは、前日から友人宅で寝泊りしているとのこと。こちらは、他の四名が日本に送還されているので、彼の気持ちが動転しているのではないかと気がかりだった。だが、これはどうも私たちの取り越し苦労だったようで、比較的落ち着いているようだった。

私は何よりも、まず彼と直接会ってみるべきだと思った。しかし、スタッフによると、メディアなどの取材攻めを避けるために居場所は内密にしてあるそうだ。なるほど、まさにそれは正しい判断だと思った。別にはじめから、岡本さんを世間から遠ざけようとしている訳ではない。だが、あまりにもマスコミの取材が殺到するために、止むを得ず居場所を秘密にしていたのだ。とくに彼のメンタルにも気を使わなければならず、その点でスタッフたちも、結構気を使っていたのだ。

翌日、夜になるまで待って、岡本さんの滞在しているレバノン人の友人宅に行くことになった。スタッフに案内されて車に乗ると、そのままタオルで目隠しをされて連れて行かれた。このときは、私もまだ日本から来たばかりなので、信用されていなかったのだろう。「秘密の場所に連れて行くときは目隠しをする」というのは、どうやらアラブでは常識らしい。そんな感じで目的地に着くと、ようやく目隠しをとられた。そこで周囲を見ると何のことはない、普通のマンションにあるような地下駐車場だった。そこから、エレベーターで上の階まで昇ると部屋に入った。部屋には、数名のレバノン人スタッフが私の来るのを待っていた。初めて見る人もいたが、なかには前回来たときに案内役をしてくれた者もいた。みんな若い。入って手前の部屋が大広間になっていた。そこのソファーに腰掛けている日本人が、岡本公三さんだった。初めて見る私に対しても、笑顔で迎えてくれる。私も彼に挨拶して握手を交わすと、彼の方から「ブゥサ」という挨拶のキスを私の両頬にチュッチュッとしてくる。最初は、無精ひげを生やしたオジサンからそんなことされたので気持ち悪かったが、どうやらそれがアラブ式の挨拶らしいのだ。

まず、私も同じソファーに座ると彼といろいろと話した。今まで一緒にいた仲間のことや、体の具合のこと、何か欲しいものなどを尋ねることにした。

「岡本さん、こんにちは。釈放されてよかったですね」

「はい。よかったです」

「山本さんも含めて、今まで一緒だった三人と離れ離れになってしまいましたけど、寂しくありませんか？」

「いいえ、せいせいしました」

「は？　あ、そうですか。よほど窮屈だったのですね。では今、体の具合とか健康とかは大丈夫ですか？」

「大丈夫です。everything it's all right !」

外国に永いこと住んでいると、日本語と英語を混ぜこぜに使ってしまうことはよくあることである。とにかく元気そうで何よりだ。メンタルな部分も心配していたほどでもなく、気軽に会話もできた。これならば大丈夫だ。実は日本を出発する前に、救援のメンバーから言われていたのだが、「あまり症状がひどいようなら、入院させることも考えてくれ」というものだ。しかし、レバノンの精神病院など、その環境が日本よりいいとは限らない。それに先ほどの会話からして、まったくその必要も無さそうである。

●岡本公三さんのサポート

私は、当初の予定としては二週間だけレバノンに滞在して、岡本さんの様子を見たら帰国することになっていた。それで、翌日から彼と同じ部屋で寝起きして、お互いのスキンシップを図るようにした。幸い彼も、それまでレバノン人たちと一緒に居たせいか、日本人の私が近くにいると安心するようだった。彼と日本語でお喋りをしたり、一緒に食事をすることが外国で生活する孤独感を紛らわすことになれば、それはそれで良いことであろう。

私たちの日課は、まず朝、決まった時間に起きる。そしてすぐ、トルコ式のコーヒーを沸かす。レバノンでは、昔トルコの植民地だったこともあるせいか、紅茶よりもこのドロッとしたコーヒーをみんな好んで口にする。岡本さんもこのコーヒーを毎朝飲む。そして、ホブスにハムとチーズをはさんだサンドウィッチを、フライパンで温めて朝食にするのだ。岡本さんは、ムスリムに改宗したようだが、ハムもお酒も平気で口にする。むしろ好きなほうだ。私も彼と同じものを食べるようにしていた。彼は、私が起きるとすぐに起きて来て、「おはようございます」と挨拶する。私もそれに応える。私がコーヒーとサンドウィッチを作っている間、彼はソファーに座ってタバコをふかす。朝食が出来上がると、一緒に食べる。

昼飯や晩飯も、大体決まった時間に食べるようにした。彼にとっては、決まった時間に決まったことをするという生活パターンを維持することが、一番安心するようだ。昼飯は、だいたい軽い食事にしていた。麺類とか魚とかである。主食は、なんといっても米だ。ご飯を炊いて、味噌汁も日本から持ってきた味噌やわかめで作る。私などは、飯を炊くとき最初はよく失敗してしまった。何しろ日本にいたときは、炊飯器ですべて足りていた。それが、ここレバノンでは、鍋をガスコンロに置いて炊かなければならない。ちょっとの火加減を間違えると、すぐに「おこげ飯」になってしまう。料理においては、よく一緒にいたスタッフに叱られたものだ。まず、「米の研ぎ方が全然なっていない」という指摘を受けた。「はい、自己批判します（笑）」などと冗談を言っては、米研ぎに時間をかけてしまった。ソーメンのゆで方も叱られた。

「ちょっとあんた、それ何やってんの？　ゆで過ぎじゃないの」と、なべを覗き込んで急に大きな声を出す。それが怖い。とくに、ソーメンのゆで加減にもこだわりがあるらしかった。

「べつに、店の客に出すわけじゃないし、そんなに怒ることないじゃん！」、私も口答えをする。

「何言ってんの。岡本さんに変なもの食べさせる訳にはいかないでしょう！」

いくら何でも、人にやらせておいて「変なもの」とは何だと思った。私もちょっとムッとする。以前に、カレーライスを作ってくれたときは、あんなに褒めてくれたのに「それはないぞ！　もっと優しくしてくれよ」などと思う。その日から、私の料理の特訓が始まった。そのスタッフは、とくに料理の事に関してこだわりを持っていたのだ。夜、テレビを観ながらくつろいでいるところにやって来て、「これを読んで勉強しなさい」と、私に料理雑誌を二〇冊ほど渡すのだ。これには参った。だからといって、そこで根をあげる訳にもいかなかった。

まるで料理版、「虎の穴」だった。日々特訓である。私が作った料理に対する批評は、岡本さんが決める。彼が食べていつも「おいしいです」と言ってくれるのだが、「もう少し食べますか？」と尋ねて、「いいえ、もう結構です」と言われたら、「不味い」ということなのだ。その後、食事が終わって後片付けになると、私はスタッフからの「言葉攻め」にあう。しかし、それも慣れてくると快感になるので、何を言われても平気である。ある日、私もしょうがなく料理雑誌でも見ながら、まじめに料理でも作ってみることにした。たしか、野菜とベーコンのトマトスープだったと思う。これなら、アラブ人の味覚にも合うだろうと考えて作ったら、これが意外と好評だった。

「やっぱり、やればできるじゃん！」と、みんな笑顔になっている。私も内心、「当たり前じゃん」と思っていたが、それを口には出せない。何より、岡本さんが、「おかわりください」と言ってくれたことが嬉しい。そこへ、クリスチャンのレバノン人が何かの用事で尋ねてきた。ちょうど私たちは食事中だったので、「一緒に食べませんか」と誘ったが、もう済ませてきたと言う。それでも「スープだけなら」と言って、私の作ったスープを口にしたら、おいしいと言ってくれた。「この味は、どこで覚えたの？」と尋ねられる。アラブ風味の料理だからだろう。しかし、「料理雑誌を見ました」なんて言えないので、「それは、秘密でーす」みたいな言い方をした。すると何を勘違いしているのか、「怪しいぞなー」という目でニコニコ笑っていた。

こういう日々が日常化してくると、一人だけ岡本さんに付きっ切りで生活する訳にもいかなくなってきた。料理や食事だけではなく、買い物に行ったり、弁護士事務所に行くこともあるからだ。それに、いつまでも岡本さんを家のなかだけに閉じ込めておくわけにもいかない。気分転換の外出も必要である。そうなると、やはり人手はのどから手が出るほど欲しくなる。結局、私はスタッフたちに頼まれて、レバノン滞在を延長することになった。

●パレスチナ難民キャンプ

レバノンでは、三六万人以上のパレスチナ人が難民生活を送っている。ベイルート近郊には、パレスチナ難民が居留するシャティーラ・キャンプという「街」がある。ここは一九四八年以降、祖国パレスチナを追放された人々が、「仮の宿」として住み着いたところだ。キャンプのなかは、コンクリート製の住宅やビルが建ち並び、路地がさながら迷路のようになっている。今や、このキャンプ自体が大きな街になっているのだ。

私がそのキャンプに初めて入ったのは、岡本さん生活支援の前年、ウナディコム国際交流でレバノンを訪れたときだった。このとき私は、サラーハ安田安之、バーシム奥平剛士さんらの墓参りをした。シャティーラ・キャンプの片隅にある共同墓地に、彼らの小さい墓は建っている。それは、レバノン救援組織のメンバーたちが、カンパを出し合って作ったものだった。見た目は本当に小さな墓であった。それでも大理石のプレートには、ちゃんと二人の写真と名前がある。その斜め向かいには、あのガッサン・カナファーニ氏の墓もある。私は、以前来たとき、その墓参りのついでにパレスチナ人の一般家庭をインタビューで訪れたことがあった。「岡本公三」の知名度調査である。彼らが逮捕された当時、日本では、「岡本公三なんて覚えている者などいない！」ということがマスコミを通じて報じられていた。それに対抗するために、ウナディコムが真実を調査しようとしたのである。やはりというか、レバノン人もパレスチナ人も、三〇年近い昔のことでもしっかりと記憶していた。何しろ、イスラエルと戦った最初の日本人である。忘れられる訳がない。とくに、パレスチナ人はみんな彼のことを知っている。何といっても「英雄」だ。

そんな訳で二度目の訪問のときも、今度は岡本さんらと一緒に墓参りに行くことになった。岡本さんにとっては、それがリッダ空港で分かれた同志たちとの再会であった。もちろん、墓の下には遺体の欠片すらない。しかし、同志たちの魂は、パレスチナ・キャンプに眠っているのだ。墓の前で両手を合わせる岡本さんの眼には、そのとき涙があった。

そうしているうちに、私たちの周りに人が集まってきた。どこからか「オカモトが来ている！」と口伝えに広まってしまったのだろう。近所のキャンプの子供や大人たちが、ぞろぞろと墓地のなかに集まりだした。私たちは、すでに墓参りが済んでいるのに、周囲を見ると三〜四〇人くらいも人が来ていた。すると、そこから年配の男性が、「もし良かったらキャンプに、虐殺された住民の墓地があるからそこにも来ないか？」と言う。せっかく誘われたのだから、断るわけにもいかなかった。私たちは、彼らに案内されるままにシャティーラの中心に向かって歩くことにした。

人だかりは、岡本さんを先頭にしてぞろぞろと歩く。彼の両脇を手を繋いだスタッフが並んで歩く。まるで、ちょっとしたパレードのようだ。自然とシュプレヒコールのようにアラビア語の声が上がる。私は、その列からちょっと離れて周囲の監視役を務めた。万が一にも誰かに襲われないためにである。

だが、そんな心配をするだけ野暮であった。私たちは、ぞろぞろとお供の子供たちを引き連れて、シャティーラの迷路の細道を練り歩いていく。すると、家々の窓から「何ごとだ？」と女性や子供たちが顔を出して様子を窺う。そして、また人々が集まって来るのだ。「しかし、こんな迷路みたいな街に独りで入ったら、絶対に出て来れないな！」などと思いつつ、私も後に続く。

私たちは、「ここが墓地だ」と言われるところまで来た。しかし、民家の入り口に鉄格子がはまっているだけに見えた。しかも、その周囲には数多くの蝋燭が立っている。どうやら、ここが墓地らしい。鉄格子の奥が薄暗かったのではじめは見えなかったが、よく見ると床が土間になっている。そこには墓標ではなく、名札とか遺品が幾つもある。他は薄暗くてよく見えない。私たちはそこで線香をたき、手を合わせた。それが済んで案内されるままに歩くと、周囲で太鼓やラッパの音まで聞こえてくる。そこはもう街の中心部。バスケットボールのコートが二つ入るくらいの広さだ。

そこに、住民たちがどこからか椅子を出してきて、輪になって座りはじめる。輪の中では、子供たちが歌や踊りを披露してくれた。岡本さんや私たちも観衆と一緒にそれを楽しんだ。「オカモトが帰ってきた！　オカモトが帰ってきた！」。住民たちは、そう言って歓喜の声を上げた。パレスチナとイスラエルの捕虜交換で解放されて以降、岡本さんは長く人目に触れることを避けてきた。だからなのか、彼の姿を初めて見る住民たちは、まるで彼がつい今しがた監獄から解放されてきたかのように来訪を喜んでいる。

このように、住民たちの心からのもてなしを受けていると、時間が経つのも忘れてしまう。あたりが薄暗くなってきた。私とスタッフたちだけなら、まだまだその場にいたいところなのだ。でも岡本さんの帰る時間である。私たちは、名残惜しむ住民にお礼と挨拶を交わすと家に帰ることにした。

●ベイルートでの生活

なにぶん、私たちが活動していた頃は、とにかく金銭の無駄遣いは避けるようにしていた。食料品や日用雑貨などの買い物は、よほど急ぎの理由でもない限り、値段の高い外資系マーケットなどで買うことを遠慮していた。安さでいえば、何といっても買い物はシャティーラ・キャンプだった。ここでは毎日、昼頃に行くと生鮮食品が安く手に入る。もちろん、朝早く行けば品物は豊富なのだが、そんなに値引きはしてくれない。頃合いを見計らって、私たちは午前中の一〇～

一一時頃に行くようにしていた。その時間帯だと市場も結構混み合っている。市場の商店には、いろいろな物が売っている。衣類、靴、日用雑貨。もちろん、食品も品揃え豊富だ。野菜、そして肉類も牛、羊、鳥、魚などである。とくに私たちは、日本食を作るために魚を買いに行く。他の街では、魚など値段が高い割に新鮮なものが少ない。しかし、ここに来ると生きたままの魚も手に入る。そんな訳で、私たちはキャンプで買い物をする場合、じっくりと時間をかけてまとめ買いをしたものだ。

こういう難民キャンプでは、レバノンの治安警察は立ち入ることを避けていた。理由はあまり分からないのだが、レバノン人の一部では日常的にパレスチナ人を明らかに差別している人もいる。ましてや、権力側に身を置いている警察官などはとくにそうだ。難民キャンプのなかで、犯罪や何があろうとお構いなし。もっとも、私の滞在中は、まだシリア軍が小規模ながら駐留していたので治安に無関心だったのだろうか。その割には、シリア軍でさえも駐屯地にこもったまま、何もする様子はなかった。

ある日の夕暮れどき、私は救援のスタッフとキャンプのメインストリートを横切ろうとしたら、何やら人だかりができている。どうしたのかと思って覗いてみた。何とレバノン人警官が、パレスチナ人少年に殴る蹴るの暴行を働いているのだ。いや、もうほとんど立ち上がれなくなっている少年の背中やわき腹に、蹴りを入れるという状態だ。理由は何か。そのときは、人に聞くことはできなかった。それでも、すぐ近くには少年の物と思われるミニバイクが転がっている。この警官は、逮捕もしないでなぜこんな暴行するのか分からないが、その怒りに満ちた形相からは、感情的な八つ当たりにしか見えなかった。

そして、こんなこともあった。私とスタッフたちが、いつものように市場の商店で買い物をしていると、急に何人かが怒鳴り合うような声が聞こえた。直後、「パン、パンッ」と乾いたような音がした。銃声である。近くにいる買い物客はその音を聞くと、みんな走って蜘蛛の子を散らすように逃げ出す。私は、そのときに事態が飲み込めず突っ立っていると、スタッフの一人が袖を引いて「隠れろ」と言う。ちょうどそこは靴屋だったので、私は靴の商品棚の陰に隠れた。すると驚いたことに、隣の店から拳銃を持った男が出て来て、さらにもう一発、「パンッ」。拳銃からは煙が立ち昇るのが見えた。硝煙の匂いまで嗅ぐことの出来る近さだった。すると、拳銃を持った男に向かって、近くにいた男たちが一斉に飛び掛かると、難なく彼の拳銃を取り上げてしまった。飛び掛かったのは、このキャンプの自警団だ。パレスチナ解放組織の男たちだった。銃を撃ったのは、店の主人に騙されて不良品を売りつけられたことに対する腹いせだったらしい。それくらいで「発砲するなよ」と思ってしまうのだが、ここ難民キャンプでは毎日のようにどこかで銃声がする。レバノン警察が関わりたがらないのも、内戦以来の用心深さからであろう。下手に蜂の巣をつつくと、大きな銃撃戦に発展することもあるからだ。このキャンプの自治と治安は、パレスチナ解放組織が管理している。それに法的な根拠はない。あるのは住民たちとの信頼関係なのだ。

彼ら解放組織の男たちは、べつに戦闘服など着ていないし、クラシンコフも持っていない。普段は市場の屋台の用心棒だったり、露天のお茶売りやタバコ売りだ。スタイルもジャージ姿で、携帯電話などを持って歩いている。どう見ても、「テキヤのお兄さん」といった感じである。彼らは日常まったく目立たないが、いったん何か事件が起こるとすぐに動ける態勢をとっているのだ。

私たちは、ベイルート郊外のマンションに住んでいた。岡本さんが窮屈な思いをしないようにと、それなりの部屋を借りていた。だから、結構お客さんを呼んでは、彼とのお喋りの時間を作ることも大切なことになる。そんな訳で、人の出入りが多くなると、自分たちはひっそり暮らしているつもりが、意外と周囲に知れ渡ってしまうものなのだ。

私は滞在中、英語学校に通っていたことがある。アメリカン・ユニバーシティの正門前にある小さな専門学校だ。金曜日と日曜日の休日以外は、毎朝決まった時間に通学する。ある朝、私は学校に行こうとして部屋を出た。階段を降りようとして、ふと足元を見たら、何と日本語が書いてある紙が落ちている。拾って見ると、日本の某政治党派のビラであった。「何でこんなところに落ちているのか？」と疑問に思った。私自身は、そんなビラなど持ち込んでいない。だから、誤って落としたということもない。「いったい誰が？」。そう思ってさらに周囲を見ると、また下の階にビラが落ちている。私は落ちているビラを拾っていく。とうとうそれは、マンションのエントランスにまで続いていた。が、外には落ちていないようだ。

私はそれを慌てて回収すると、学校に遅刻することも忘れてマンションの部屋に戻った。そして、ビラの件を留守役のスタッフに話すと、彼もこれはどうもおかしいと言う。「おそらくは、日本大使館に駐在する、警察庁関係筋の指図だろう」とのことだった。連中は多分、レバノン情報員を使って私たちのマンションの場所を突き止め、わざと「警告」のためにそのような物を置いたと考えられる。東京の警視庁だったら、こんな挑戦状のような「警告」などやらないものだが、レバノンの諜報筋ならやりかねないだろう。こういう経験から私は、運動においては「権力に知られた情報」を隠しておいても仕方がないと思ってる。大衆運動に関わっている私としては、なるべく開き直って宣伝することを心掛けたいのだ。

私たちは、部屋を掃除することになった。一ヵ月に一度は、大掃除をすることになっていた。これは、家のなかを土足で歩き回る生活もあるが、人の出入りも多いとかなり埃やゴミなどが出てくる。そこで、私たちの決まりごとで定期的に行うようになった。私はここで初めて、アラブ式の掃除の仕方を教えられた。家具を全部隅に除けると、何と家中に水をぶちまけるのだ。これには驚いた。最初私は、いくら掃除機が無いといっても掃除といえば、ほうきで掃いて雑巾がけをするものだと思っていた。日本の木造住宅で育った私にとって、この認識の違いはコペルニクス的な発見だった。

それでも、「郷に入っては何とやら」でこちらのやり方に従うことにした。このやり方だと、天気の良く晴れた日中でなければ意味がない。私たちは、レバノン人スタッフの指示に従って掃除の準備をする。まずは、テレビやソファー、机などを部屋の隅に移動させる。それらを一ヵ所にまとめると、今度は絨毯を取っ払ってベランダの手すりに引っ掛けて干しておく。アラブの住宅というのは、たいていどの家も床や壁も全部が石材かタイル張りなのだ。だから、埃などは軽くほうきで掃くと、後はキッチンの水道からホースで水を引いてきて、一気に撒くのだ。

細かい埃やゴミなども、水の圧力で押し流してしまう。流した水は、柄の付いた水切りを使ってベランダまで押し流す。あるいは、玄関から押し流して下の階の階段に全部流してしまう。この場合、いちばん下のエントランスまで流さないと、他の住人に文句を言われる。部屋の隅に異動させて置いた家具などは、また移動させて反対側も水を流す。

そんな作業を一通りスタッフらと一緒にやっていたのだが、一人だけ何もしないで椅子に座って、プカプカ煙草をふかしている人がいた。岡本さんである。私はそのとき、だいぶ急いでいたので彼に、「岡本さんも何か手伝ってくださいよ」と言った。すると、「いいえ、私はやりません」と言うので、ちょっとムカッときた。

「一人だけ、楽していないで手伝ってください」と、今度は強めにいった。

「何で、俺がしなきゃいけないんだよ！」などと、言い返す。

「みんなが一緒に住んでいるところなんだから、一緒に作業するのは当然でしょう。あなただけが特別ではないんです」

「生意気なことを言うな。俺は病人なんだぞ！」

今度は開き直る。よほど今まで、「病気」という理由で甘やかされて生活してきたのか、協調性が欠落していた。私もレバノンに来る前に、知的障害者自立支援の作業所で支援スタッフとして働いていたことがある。そのときに、所長の言っていたことを思い出した。「彼らを障害者だからといって、甘やかしたらいかん。彼らの社会復帰のためには、周囲との協調性を理解させることが大事だ。ともすれば自分の世界に入り込みがちだが、そういうときこそ、肩を叩いて現実に引き戻すことだ……」。そのようなことだった。私も、思い切って岡本さんに言った。

「あなたの病気は、頭だけなんです。体は元気なんですから手伝ってくださいよ」

「何をー、お前なんかクビだ！　出て行けー」

「ええ、出て行ってもいいですけどねー。そしたら、岡本さんはどうやって生活していくんですか？　ご飯作れますか？　買い物に一人で行けますか？」

「な、何を……」

それ以上言葉が出てこない。何か不満を言いたそうに口をパクパクしているが、言葉に出ないようだった。

「分かりました。岡本さんが働かないのなら私も働きません。ストライキに入ります。スト決行ですよ！　あなたは、独裁者じゃないんだからそれくらい分かりますよね！」

きつい言い方をして可哀想だが、やはりはっきりと理解させるべきだと思った。

そこまで、大きな声で言い合っていたら、一緒にいたレバノン人スタッフが傍であっけに取られて見ていた。彼にとっては、日本語で何を言い合っているのか分からないにしても、アラブでは「パレスチナの英雄」と言われた岡本公三と、日本の若造が何か揉めているくらいは理解できる。その場でどうリアクションしたらいいのか、戸惑っているようだった。

そんなことでいつまでも時間をとってはいられないので、私はスタッフと掃除を続行することになった。すると、しばらくして気がつくと、いつの間にか岡本さんが水切りを持って掃除に参加しているではないか。何気無く岡本さんに、「あれっ岡本さん、掃除するんですか?」と聞いた。すると彼は、ショボンとしながら「はい」と言って、少しぎこちなくはあるが私たちと作業に参加するようになった。

以来、岡本さんとは喧嘩をすることはなかった。彼は掃除のとき以外にも、配膳を手伝ったり、一緒におにぎりを握ったりしながら、スタッフたちとも共同で作業をするようになったのだ。

●重信房子さん逮捕と一時帰国

二〇〇〇年一一月八日。この日は、前の晩からずっと宴会で酒を呑んでいた。岡本さんも途中まで参加していたのだが、彼が寝てからも私たちスタッフは、しこたま酒を呑んで酔っ払っていたのだ。もう時間が正午近くになってからだろうか、レバノンの友人から電話がかかってきた。

スタッフのひとりが寝呆け眼で、「ふぁい？」と携帯電話に応じる。直後、なぜだか突然目が覚めた顔になっていた。私が電話をとったスタッフから聞くと、「日本で重信房子が逮捕されたらしい」と言う。

私たちは、俄かには信じられなかった。何しろ、それまで重信房子といえば、「レバノンのベカー高原に隠れ住んでる」という噂を聞いていたからだ。私など、「岡本さんが釈放されたというのに、レバノンにいるなら会いに来いよ！」と思っていたくらいである。それがまた、なぜ日本などにいたのか分からなかった。とにかく岡本さんには、まだこのことを話さないでおくことにした。せっかく、彼も今の状況に慣れてきたのだ。彼には、余計なショックを与えないようにした。

まずは情報の確認をと思い、私は近所のインターネットカフェに行くと、ネット・ニュースを開いた。やはり逮捕されていたのだ。新幹線で護送された直後の写真も公開されていた。しかし、三〇年前の「長い髪」はパーマになっている。「何だ、オバサンになったもんだなぁ」。呑気にも、これが私の率直な第一印象だった。それ以外には、とくに何も感慨はない。私の知らない人だった。それでも、岡本さんにとってはそうではない。彼には大切な同志なのだろう。逮捕されたことを知ったら、きっと悲しむに違いない。そう思うと、なかなか彼には事実を話せないでいた。だがそれも、しばらくして彼の方から、「重信同志は、逮捕されたんでしょう？」と聞いてきた。他のスタッフもそれを聞いて一瞬ドキッとしたようだが、そのときになってやっと本当のことを知らせることになった。彼は、黙ってうつむきながら目頭を拭いていた。

このように、警視庁・大阪府警らの重信「逮捕劇」がネット・ニュースで報じられるなか、レバノンでもそのニュースを違った角度から報じていた。夜のテレビニュースでは、日本赤軍の関わった闘争が報じられ、「イスラエルの占領と帝国主義に対して彼らは闘った」と言っている。「テロリスト」扱いにする日本とは、まったく違う。私は日本の救援のことが気がかりだった。とくに、これまでも日本赤軍関係者が逮捕されるたびに、「帰考会」やそれに関係する他の救援会が警察からのガサ入れ・弾圧・嫌がらせの対象にされてきた。まして や、今度は重信房子である。いったい、どんな規模で弾圧されるのかそれが心配だった。さらに私は、ウナディコムから派遣されているスタッフである。そちらとの今後の活動方針なども話し合わなければならない。岡本さんの生活支援をどのように続けるのかも、その時点では分からなかった。

そして私は、一二月の末、日本に一時帰国することになったのだ。滞在は二週間だったと思う。その間に、「帰考会」やウナディコムへの連絡と今後の方針を話し合った。すでに日本では、全国的な一斉家宅捜索が行われていた。一一月二一日には、全国都道府県で四八カ所、一二月二日には、全国一九カ所、そして、一二月八日の全国六カ所の家宅捜査・ガサ入れだ。これらは、プライバシーの侵害にもほどがある。支援者のなかには、この弾圧によってノイローゼになる者や、家族が自殺未遂にまで追い込まれた者すらいるのだ。そんな「弾圧の嵐」の直後に私は帰国した。だから、空港に着いたときから緊張していたものだ。それでも私の滞在先は、一度家宅捜索に入られているというもあり、その後入ることはなかった。

こうして二週間の帰国の後、再びレバノンに戻ることになる。その頃になると、私は滞在先の家を出るまで「いつ警察が来るか！」という心配でろくに眠れもしない。それでも朝早くに出発した。事前に予測していたのは、家を出る直後の身体捜索か、空港での出国前の身体捜索だった。どうやら、家を出るときは周囲に誰もいなかったので、空港で待ち構えている可能性が大である。私は普段どおり、日暮里駅からJR常磐線に乗り込む。我孫子駅で成田線に乗り換えた。そこまでだと公安から見れば、のんびりと成田まで電車で行くだろうと思われたかも知れない。ローカル線では尾行される様子はなかった。そこで私は途中、どこだか分からない駅で下車してタクシーを拾うと、「成田空港まで行って」と運転手さんに無理なお願いをして車を飛ばしてもらった。そこから、一時間くらいは車で走ったと思う。何とか出発予約時間前には空港に着く。第一ターミナルビルの前に車を寄せてもらって、そこから荷物を持ってロビーまで走った。その頃、警視庁派遣の公安は、成田空港駅のホームと、そこからターミナルに上がるエスカレーター周辺で私の到着を待ち構えていた。

私は、彼らがそんなふうに「お見送り」に来ていることなど、まったく知らなかった。ただ時間が気になっていたので、ロビーをウロウロしないでそのまま一直線に予約カウンターまで足を進めただけだった。そのまま私は、何気無くチケット受付のカウンター前の列に並んでいた。もしここで、公安に気付かれなかったら問題なく出国できただろう。ところが、彼らもそこまで間抜けではなかった。

本当に、突然だった。思えばどうにも変な感じがした。カウンター前の列に並んでいる私の後ろから、背広姿の男が慌てている感じで何度も私の顔を覗き込んでいる。「変な奴だ」などと思っていると、しばらくして背後から、「わたなべ君だろう！」という、呼びかけとも質問とも取れる男の声がした。そこで、つい私も、「はっ？」と言って振り返ってしまった。それを確認すると、いきなり、私の腕を掴み、大きな声で「身柄確保！」と叫んだ。すると、周囲にいた同じような格好をした何人かの男たちが、そこに駆け寄ってくる。

「なんですか。あなたたちは？」。と言っても彼ら相手では話にならない。そのまま、近くの交番に連れて行かれた。バッグを全部開けられると、なかの物を引っ掻き回され、来ている服まで脱がされた。パンツ一枚にされて検査。結局、何点か押収された。手帳もだ。しかし、あれだけ盛大に家宅捜索した後で私から何か押収しても、それが何の意味があるのか。完全にナーバスな嫌がらせである。

飛行機の離陸時間が、運良く整備のために遅れたから良かったものの、これで搭乗に間に合わなかったらチケット分の賠償請求をしただろう。まったく、日本赤軍の活動とは関係のない者に、ここまで弾圧を仕掛けてくるとは、この先が思いやられると感じていた。

●再びレバノンへ

再び、レバノンに戻ってきた。大晦日直前だった。日本からはお土産に、「お正月セット」を仕入れてきた。これでおせち料理の準備である。おとそを作るためのみりんなども持って来ている。この年の正月は豪勢になった。だが私にとって、これがレバノンでの最初で最後の正月になる。

大晦日には、そばをゆでて年越しそばを造った。岡本さんも喜んで食べてくれた。そして、やはり夜遅くまで酒盛りだ。どうも、このスタッフたちは酒好きばかりだ。私まで感化されてしまった。翌朝、起きたのはまだ朝日が出ていない頃だ。というのは、岡本さんと「初日の出」を見る約束をしたからだ。もうすでに彼は起きている。そして太陽が昇ると、両手を合わせて何かお願い事をしていた。彼は何を願ったのだろうか。

日本の元旦は、朝早く起きると決まっているらしい。これは、レバノン人に対しても半強制的にそれを行っていた。年の初めに突然、朝早く起こされた挙げ句、いきなり、おとそを飲まされたレバノン人スタッフは、目を白黒させて、「ナンデ、日本人は、新年の朝早く人を叩き起こしてまで、酒を飲ませるんだ！」と冗談半分で抗議していた。こんなふうに二〇〇一年の正月は明けていったのだ。

　私がレバノンに来た当初からの知り合いで、空手を習っている若い男性スタッフがいる。レバノンに着て以来、私はずっと岡本さんの生活パターンに合わせていたので、体が鈍ってしまった。ここで何か運動をしないと、本当に自分まで体調を崩してしまうと考えた。そこで、空手をやっているスタッフに道場を紹介してもらった。初めて知ったのだが、レバノンにまで極真空手の支部があるのだ。私は、最初見学のつもりでそこに行ったのだが、練習を見ているうちにやってみたくなった。一年間有効の入会金は、一〇〇ドルとちょっと高かったが思い切って入会した。練習は主に、基礎体力のトレーニングから始まって、突きや蹴りの基本型の稽古、そして組み手、最後は模擬試合を行う。日本でもそうだが、一日の稽古が終わるときには必ず正座をして黙想。精神集中と一日の反省だ。もっと続けたかったが、私の場合は諸般の都合で一ヵ月間しか通えなかった。残念である。それでも一応、極真道場・レバノン支部の会員証をもらっている。なぜか私の場合、初回入会からランクの欄に「Shodan」と書いてある。普通は「何級」からか始めると思うのだが、これもサービスなのだろうか。

　レバノンに戻ってから、すでに三ヵ月になろうとしていた。日本の獄中救援は忙しいし、弁護士費用も「火の車」状態らしいと聞いた。ちょうど私も、レバノンでの人件費は一人でも節約するべきと考えていたところだった。当初の滞在時期を「一年間」という目安で期間延長していたが、ようやく一年目を迎えようとしているときだ。

関西で結成された、「オリオンの会」から派遣されてきた支援スタッフたちが、岡本さんのライフ・サポート「岡本組」を現地で立ち上げることになった。私は彼らに、支援等の引き継ぎをかねて共同活動を行っていたが、最後の二ヵ月頃になると、ほとんど彼らにまかせっきりにしていた。もはや私がレバノンで活動しなくても、人手は何とか間に合うようになっている。ここまで来て、私は忙しくなっている日本の獄中救援に戻ろうと考えていた。

そんなときに、日本から岡本公三さんの記録映像を残したいという映画監督が来ることになった。若松孝二監督である。もちろん彼一人ではなく、撮影のためのスタッフやその他の映画関係者たちもこの訪問に参加していた。私も岡本さんの撮影に同行することになり、レバノンのいろんな場所に行ってロケを行った。岡本さんも、日本人がたくさん来ていい気分転換になったと思う。

そういえば同じ頃、大谷恭子弁護士も別件の仕事でレバノンに来ていた。彼女は人権派弁護士として、その実績では一目置かれている人である。確か彼女の訪問の理由は、重信房子さんの娘の命《メイ》さんと吉村和江さんの娘の緑《みどり》さんを、海外邦人残留孤児の国籍保有者として本国帰還の手続きや、その資料集めのためと言っていた。私は、それ以上詳しいことを知らない。

それより印象に残ったのは、若松監督の豪胆ぶりだろう。さすがに、かつて三〇年以上昔にまだ内戦状態だったレバノンで、記録撮影に臨んだだけはある。その当時は、今のようなフリーランス・ジャーナリストなどもいなかった時代だ。若松監督の映画、『赤軍―PFLP世界革命戦争宣言』は、現在、幻の映画と言われている。決して、ピンク映画だけを撮っていた監督ではない。レバノンでの撮影時代、一緒に監督として参加した足立正生さんは、そのまま現地に残って日本赤軍に合流してしまう。だからある意味では、内戦当時のレバノンに二人のどちらかが残ることになっておかしくなかったのだ。それだけに、久しぶりにレバノンに来訪して、岡本さんを撮影するときの彼の眼は活き活きしていた。

そういう仕事以外にも、楽しいことはあった。撮影のロケ地、ヴァールベックの遺跡を訪れたときなど、監督やスタッフも交えて大谷弁護士も一緒に、岡本さんとハイキング気分になって手作り弁当を食べたものだ。帰りのロケバスの前では、私がシーア派の無精ひげ男性と挨拶のキスを頻に交わしているところを見た大谷弁護士は、「ギャー、気持ち悪い！」と大声を上げていた。やはり、初めの頃の私と同じように、日本人の感覚から見ると、男同士で挨拶の「チュッチュッ」を交わすのは変に見えるようだ。

●日本に戻って宿無しに

私が日本に帰ってきた頃になると、いつの間にかウナディコム（レバノン・日本民衆連帯）は解散同然だった。どうやら、私がレバノンにいる間に、レバノン人弁護士ブシャーラ氏とその娘の招請でその任務を終えたと言われている。しかし、実際は関西から立ち上がった「オリオンの会」と「連帯」に、その任務を譲り渡したと考えるほうが理解できる。実際に、こちらの方が実働的に動きやすいし、岡本公三さんのライフ・サポートという点においては、獄中救援と切り離して考えていくことが今後の展開上の利点もあるのだろうと思う。それ以上の詳しいことを私は知らない。

さて、日本に戻った私は、レバノンに出掛ける時点ですでに自分のアパートを引き払っていたので、住むところも無くなっていた。住所不定では仕事も就けない。仕方がないので、救援関係者のアパートに転がり込んで、彼の住所に同居人として住民登録すると、どうにか皿洗いのバイトにありついた。日当計算で、一月七万円の稼ぎにしかならない。同居人は、そのくせ私から「家賃」として、月に三万円を取っていた。私は毎日、食事はコンビニの肉マンとゆでソーメン、そして、バイト先で余った残飯を食べてしのいだ。また、バイトの休みのときは、獄中救援の活動など資料集めで、区民図書館とコピー印刷所を行ったり来たりしていた。その救援というのが、「重信房子さんを支える会」である。

私は、この救援会に参加する手始めとして、裁判傍聴や救援を呼びかけるリーフレットを作ることにした。この手の実務なら、以前に関わっていた救援でもやっているので、仕事の合間にでもどうにかこなせた。が、同居人がパソコンを貸してくれなかったので、やむを得ず自分の食費をさいてインターネットカフェのパソコンを使うしかない。それでも、何とか第三号まで作ったところで、同じ「支える会」のメンバーが「ホームページを立ち上げてはどうか」と提案してくれた。私もそれに協力することになり、今の「重信房子さんを支える会」のHPができたのだ。しかし、「支える会」メンバーのなかには、公判での「事件」に関する詳細な陳述内容がネット上に流れることを嫌う者もいる。このメンバーの強烈な反発で、HPの更新が立ち行かなくなってしまった。仕舞いには、HPの管理をしていた人がそれで嫌になって会を辞めてしまった。現在は、そのままHPがネット上で放置状態になっている。

そういう、インターネットによる情報宣伝をセキュリティー上の観点から忌み嫌う人たちは、相変わらず紙メディアのパンフレット作りに勤しんだ。それが「オリーブの樹」である。今でこそ一般販売を行っているが、当初これは一般向けには非売品として会員販売のみとなっていた。私は、今さらそれ自体を問題にするつもりはない。しかし、すでに敵側に知られている情報を、大衆向けに広く公表できないのはなぜなのか、という疑問が残るだけだ。

とにかく、私は「支える会」に関わっている間の生活費を、何とかする必要があった。そのような個人の瑣末な問題を抱えている間にも、遠くパレスチナでは二〇〇一年八月二七日、PFLP議長のアブ・アリ・ムスターファ氏が、オフィスで執務中のところをイスラエル軍のミサイル攻撃で殺されてしまった。PFLPのみならず、パレスチナの新たな世代を担うはずだったリーダーが、公然と殺されてしまったのだ。多くのパレスチナ人が深い悲しみに暮れた。そして、この日本でもパレスチナ連帯を求める民衆は、彼の虐殺に抗議する声を上げた。このとき、ウナディコムはレバノンでの民衆連帯からすでに離れていた。しかし主だった活動メンバーは、有志参加として「パレスチナに献花を！」の運動を立ち上げていたのだ。彼らウネディィコム有志が呼びかけ人になり、この年の九月二八日に、パレスチナ・インティファーダ一周年とムスターファ議長虐殺に抗して、日比谷公園にて抗議の七二時間ハンガーストライキを行った。

参加したのは、檜森孝雄さんと廃人我号さん、Kさん、Wさん、そしてM・Mさんと私だった。その他、サポートにAさん他多数がいた。このときに、「見物人」として来ていたMと知り合った。物好きそうに見えた彼には、ちょうど良かったのでビラ配りもさせた。このハンガーストライキを三日間貫徹したのは、私と檜森さんと廃人我号さん、そしてWさんである。M・Mさんは、「仕事があるから」ということで、中抜けしながら参加していた。Kさんは一日くらいは付き合ったと思う。彼も体力消耗が仕事にひびくので、やはり最後までは無理だった。

二日目には、西早稲田の日本キリスト教会館で、「アル・アクサ・インティファーダ一周年・パレスチナ連帯・緊急集会」が別団体主催で開かれていた。連帯アピールのために私は、この集会に参加して挨拶させてもらったが、あまりに空腹のため、自分でも何を言っていたのかよく覚えていない。やはり空腹は、二日目の夜がいちばん堪える。フラフラになりながら、日比谷公園に戻った。私たちが公園にテントを張っていると、傍からみればどう見ても「ホームレス」に思えるだろう。そんな風貌のメンバーたちだった。さらに、掲げている横断幕も「私たちの仲間を殺すな！」。この文字だけがデカデカと書いてある。「パレスチナ」とか「民衆国際連帯」の文字が小さくて読みにくい。遠目に見ると、「野宿者支援」に勘違いされる。実際に勘違いしたのか、日比谷公園の野宿者が夜中に何人かやって来て、「お前ら勝手に何やってんだ？」などとショバ荒らしと間違われてしまった。こういう人にも、「かくかく、しかじか」と活動の意義を説明すれば理解を示してくれる。仕舞いには、近所の野宿者とも仲良くなった。夜中の暇な時間などは、いい話し相手にされてしまったものだ。

三日目になると、昼間から雨が降ってきて凍えながら頑張ったものだ。腹がすいていることもあって、暇な時間がいちばん精神的にもつらくなる。そこで私は、持ってきた折り紙で鶴を折ることをみんなに勧めた。これは、病気になっている友人に、「千羽鶴」をあげようと思っていたからだ。結局は、全部折れないうちに友人が治癒してしまったので、その後、意味のないものになってしまう。それでもいい暇つぶしにはなった。深夜になると、雨も激しく降ってきた。テントの雨漏りも激しく、雨合羽を着ても半分濡れながら眠った。

翌朝、雨は上がっていた。何とかハンガーストライキも貫徹すると、最後は公園で「お疲れさま」の乾杯を缶ビールでした。檜森さんをタフな人だと思ったのは、彼はその後に何も口にしないで、浴田由紀子さんの公判傍聴に行っている。さらに午後から、仕事にも行っているのだ。おそらく、その夜は飲んだくれていたと思うが、それでもたいした精神力である。

私はというと、実は生活が深刻だった。このハンストに参加する直前には、皿洗いの仕事を辞めてしまっていた。無職である。それまで厄介になっていた、救援関係者のアパートからも出払って宿無し状態だった。そのまま本当に「ホームレス」なりそうだったのを、Aさんに拾ってもらったのだ。「一週間だけ!」の期限付きで、彼のマンションに居候することになった。その間、自分で何とか下宿先を見つけて、就職先も探すことになる。だが、Aさんは普段はおとなしそうなのだが、実は短気な人で次第に会話も少なくなる。しかも酔っ払うと絡んでくる。

一〇月になったある晩、檜森さんが酒を呑みに来たことがあった。私も付き合わされた。最初は何となく呑んでいて、いい感じでアルコールもまわってきた。すると、どういう脈絡かは忘れたが会話が運動のことになっていた。そこで私が何を思ったのか、「僕は、やっぱり政治的な駆け引きなんか関わりたくないですねえ」と言った。すると急に何を思ったのか、Aさんが大きな声で絡んでくる。普段ならこういう場合、絡んでくるのは檜森さんなのだが、なぜか彼はそのとき緩衝材になってAさんをなだめている。私も結構、跳ねっ返りな性格なので、このときは開き直っていたと思う。

この情況のなかで、Aさんとは一時的だが、関係が悪くなってしまった。そして、その二日後には彼のマンションを出た。それでもまだ良かったのは、下宿先が決まっていたということだった。そんなわけで、私は東京のいちばん外れの町に引っ越した。これでやっと、厄介者の立場から脱出し自由の身になったのだった。

●水平線の向こうに

「緊急避難」的に就いた職場は、遺跡発掘という半ば飯場に近い仕事だった。発掘期間限定の仕事なので、その現場が終われば次の仕事はない。五ヵ月ほどでその職場は終わった。その後も、いろいろと職を探した。レバノンにもう一度行きたいとは思っていたが、そのために人から旅費を借りてまで行きたくはなかった。意地でも自分の稼いだ金で行こうと考えた。そのためには、「ボーナスの出るような職場」に就くことにした。サラリーマン生活が始まる。警備会社の社員として、背広を着て職場に出勤だ。私のような経歴の者には、サラリーマンと言えばこの職種しかなかった。贅沢を言ってはいられないのだ。私は、獄中救援活動に関わってはいるが、そのために仕事の手は抜きたくはない。金を稼ぐためなら、完全に割り切って職務に没頭した。特別手当をもらうためなら、消防庁の上級救命講習を受けたし、自衛消防技術試験も受けた。要人警備にもついた。派遣隊のなかでは、積極的に職務を遂行するようにした。主には施設警備である。だが、少なくとも私の勤務時間中には、警備業法第八条にある「他人の権利及び自由を侵害し、又は個人若しくは団体の正当な活動に干渉してはならない」という条項を犯さないで済んだ。まして や、公安事案に関する警備には就かなかった。それ以外のこと、「窃盗犯への警戒」や「雑踏警備」などに主に関わることが多かった。そういう点では、運良く自分の立場性を変節することなく働くことが出来た。

この警備業の仕事をやっていて運動関係に役立ったことと言えば、まず警察動向の情報が職務上入ってくるということ。そして、「雑踏警備」の経験が、大人数のデモにスタッフとして参加するときに活かせたこと。また、私が何かの抗議行動に参加したとき、妨害してくる警備員に法的根拠を追及できること。他にも利点はいくつもある。

ただし、大衆運動に関わるには、会議やデモ・集会に参加するだけの時間的な自由が利かなかった。ほとんど、夜勤、当務、日勤、非番というシフトパターンでは、活動にかなりの制限がかかってしまう。そんな状態だった。次第に、定期的な獄中救援活動に参加することは、困難になってきたのだ。

そんなおり、アフガニスタンでは、アメリカ・ブッシュ政権が「九・一一テロの報復」と称して、大量殺戮兵器デイジーカッターなどを使用する空爆が行われていた。また、パレスチナでは、アメリカの中東軍事介入に乗じて、イスラエル・シャロン政権による「テロリスト」制圧作戦で、多くのパレスチナ住民が犠牲になった。

この情勢が国際的にも問題視されるなか、二〇〇二年三月三〇日、東京・日比谷公園で一人の活動家が焼身自殺を遂げる。一部のマスメディアの憶測記事では、「夢失った革命家・壮絶な死の選択」などと書かれた。またある者は、その自殺をパレスチナでの民衆虐殺に抗議する「覚悟の決起だった」と言う。だが、その本意は誰も未だに知らない。焼身自殺した人の名は、檜森孝雄さん。享年五四歳。自ら他人には知られざる人生を物語るかのような壮絶な最後だった。そんな彼の悲報を私が知ったのは、その翌日だった。私は、彼が死んだ同じ時間には、文京区民センターにいた。「インティファーダ連帯　三・三〇土地の日」集会に、スタッフとして参加していた。当日、檜森さんも出席すると言っていた。しかし、来ない。誰も、彼が来ないことを気にすら留めていないようだった。「どうせまた、ヘソを曲げて来ないのだろう」くらいの思われ方しかされなかったのではないだろうか。その集会が終わると、私たちは会場隣の居酒屋で交流会を開き、焼き鳥を食べながら酒を呑んでいた。すでにその頃、真っ黒焦げになった檜森さんの遺体は、丸の内警察署に収容されていたのだ。

翌朝、私が職場に出勤して当日の朝刊に目を通すと、「花見客の近く　男性焼身自殺」と見出しの付された小さな記事が目に入った。だが、まさかこれがあの檜森さんだとは思いもしなかった。私は、昼過ぎてからAさんの電話連絡を受け、ようやくそのことを知った。新聞記事によると、彼は夕方六時頃に、日比谷公園・かもめの噴水広場で灯油をかぶった。しかも、夕方とはいえ、家族連れの花見客がまだ何人も残っている衆人監視のなかである。持っていたライターで、自分の体に火を付けたそうだ。近くで花見をしていた男性のコメントも載っている。「ふと見ると、人が燃えながら噴水の方に歩いていた。手元にあった水で消そうとしたが出来なかった」とある。それほどの勢いで炎が燃え上がっていたのであろう。その火達磨のまま、噴水の方に歩いて行ったのは何故であろうか。
彼が自殺した現場に、遺書のような手書きのメモが残されていた。

二〇〇二・三・三〇

まだ子どもが遊んでいる。
もう潮風も少し冷たくなってきた。
遠い昔、能代の浜で遊んだあの小さなやさしい波がここにもある。
この海がハイファにもシドンにもつながっている、そしてピジョン・ロックにも。
もうちょっとしたら子どももはいなくなるだろう。

これは、檜森さんが自分のいる公園の風景を見ながら、浮かんでは消えていく、過去に見た情景を詠んだものなのか。日比谷公園の噴水から、故郷・能代の浜辺、さらにはパレスチナ、レバノンの海岸へと彼の人生は繋がっていた。オリオンの同志たちは、リッダという戦場で多くの人命を犠牲にした。彼は、その灼熱の苦痛のなかに、いったい何を見定めたというのだろうか。

おわりに

私は、イラク戦争中のサダム政権の管理下では、「イラクに行こう」などと考えなかった。イラク・バース党は、その汎アラブ主義的なイデオロギーによって、アラブ以外の民族を抑圧支配してきた。彼らの論理から言えば、クルディスタン以外にペルシア圏を本拠地とするシーア派のムスリムも、「非アラブ」として差別の対象にされた。サダム政権下では、そういう支配の構造によって少数のスンニ派出身者が政治の実権を握っていたのだ。

だからといってイラクの内政問題は、アメリカの介入など必要としていなかった。いくらサダム政権の独裁支配を潰すためでも、アメリカ・ブッシュ政権が仕掛けるあの戦争に正当性などあろうはずもないことは、知識の乏しい私にも理解できた。アメリカは、自国が政治的経済的援助をするイスラエルの脅威となる、アラブ世界の台頭が許せなかった。しかし、それだけでは経済界をも巻き込んで国家動員する理由がない。そこで、OPEC加盟のイラクから石油利権をも奪い取ることを前提として、イラク占領を視野に入れたのだ。

二〇〇一年には、このプランはすでに出来上がっていた。イラク攻撃の国際的な同意を得るためなら、アメリカはいかなる理由でも付け加えた。テロリストの関係、大量破壊兵器、民主主義化。だが、そのすべてが嘘だった。

すべての戦争理由が無くなってくると、今度は、イラクに「民主主義」を作り出すために議会選挙を実施させた。この選挙では、サダム政権崩壊後も現在まで長いこと差別と抑圧によって貧困生活から抜け出せない、大多数のシーア派住民がようやく報われる機運が高まってきた。だが、これでイラク情勢が安定するとはとても言えない。

所詮、支配者の手の平の上でしか事態は動いていない。これまで、占領軍として住民の不満の対象にされていたアメリカを始めとする外国軍への目をそらせ、イラク住民同士の争いに矛先を転嫁させる占領支配の戦略でしかない。二〇〇五年一月のイラクは、「嵐の前の静けさ」と言えよう。つまり、内戦の危機に晒されようとしているのだ。世界中、古今東西の歴史を振り返っても分かるように、他国への占領支配はいつか失敗する。アメリカの戦略で動く占領者たちが、イラクの実権を握っている限り、かの国に平穏は訪れない。


なぜ、私がイラクに行ったのか、人からよく聞かれる。それは、私自身が元自衛官であり、非戦を掲げる者だからだ。その経験から、いつの間にか自衛隊の本分が「専守防衛」から「国際貢献」などの、海外派兵を前提とした攻撃型の編成に変わったことに、深い憂慮の念を抱かずにはいられなかった。旧来の隊員たちからすれば、この方向転換は納得できない。若い隊員にも、今まで以上に危険な任務が否応なく押し付けられるだろう。

これまで、戦闘訓練を受けてきた若い自衛隊員たちが、自らの職務を実際の戦場で試したいと思う気持ちは、兵士としての過去を持つ私は理解できる。私自身もまた、戦場で「実体験」に参加した時期もある。しかし、本当の戦場は理屈で考えられるほど甘いものではない。一度戦闘状態に入れば、自ら死の危険性を考えずして、敵に銃口を向けることはできない。ときには、一発の発砲が自分だけではなく、仲間の身も危険に晒すことになる。中途半端な決意主義や、英雄的なロマンティズムで戦場に赴けば、待っているのは「犬死」だけだ。

だからといって、軍隊の合理主義に身を委ねればどうなるか。「弱い者は切り捨て、強い者だけが生き残る」ということだ。このような社会に、何があるのか。他者を思いやることのできない、人間性を喪失した先にある社会は、人間の情緒的な交流を遮断された「閉じた関係」しか残らないのだ。自衛隊に何十年も勤務していると、そのような人が少なくない。私がもっとも唾棄するタイプだ。

二〇〇四年初頭、自衛隊のイラク派兵が小泉政権によって強行されるのを目の前にして、私は、イラクの現状を個人の視点で、確かめてみたいと強く思うようになった。

その前年の二〇〇三年、私は、都内で行われていた「内ゲバ・社会問題研究会」というサークルに関わるようになった。これは、私が以前に読んだ『良心的兵役拒否の潮流』(社会批評社)という本を契機としている。その頃私は、パレスチナ関連の占領反対を考えるサークルに関わるなかで、イスラエルの兵役拒否者のことに関心を持っていた、そしてこの日本でも、自衛隊で任務拒否・転属拒否を行った反戦自衛官がいることに興味を持った。

初めてその人たちのことを噂に聞いたとき、「どこかの政治的党派に所属している」と誰かが言っていた。私は警戒して近づかなかったが、「怖いもの見たさ」という好奇心もあった。ところが実際は、彼らが党派を辞めた後、フリーランスになっているという事実を知ることとなった。そんなきっかけで、安心して反戦自衛官らと関わるようになったのだ。

反戦自衛官らが、自衛隊員の相談窓口を開設することを知ったのは、それから数ヵ月後だった。それも、自衛官の人権を広く考える、市民運動の一環として活動するとのことだ。すでに自衛隊派兵が国会で議論されている頃である。

発足後間もない「米兵・自衛官人権ホットライン」の相談メールには、自衛隊員やその家族らから、「イラク派遣について」とか、「隊内のいじめ問題」等々の相談対応が増えてきていた。このなかで私は、かねてから考えていた「イラク行き計画」を、「内ゲバ研」のサークルに同席した小西さんに話すと、彼はそのことに興味を示した。「どうせイラクに行くなら、運動の一環として調査・報告してみないか?」という提案を彼がしてきたので、私は合理的に都合が良いと思いそれを受けることにした。

それから間もなく、「米兵・自衛官人権ホットライン」が立ち上がると、私もそこの正式メンバーとしてイラクに派遣されることになる。イラクでは、「在イラク自衛隊監視センター」事務所設置もかねて、バグダッド市内にアパートの一室を借りた。そこを拠点にして、フリーランス・ジャーナリストたちと情報交流しながら、占領の実態を調査する活動に入っていたのだ。

その事務所としての活動も、ようやく定着した頃だった。日本人三人の誘拐情報をニュースで知らされた。同室に住んでいた安田純平さんと私は、誘拐された日本人たちのことをバグダッドに滞在しているボランティアらに尋ねてまわったが、らちがあかない。また、当初の予想とは違い、いつまで経っても解放される様子はない。事態は悪化する様相を示していた。どうやら水面下では、日本外務省側が米軍に捜索依頼を出しているようだった。数日間、日中もバグダッド市内をヘリコプターがひっきりなしに飛び回るようになっていた。

私も安田さんも、ファルージャで起きている米軍の包囲攻撃は知っていた。現在進行形で行われている民間人の虐殺も、その実情を知りたいと思っていた。だから私たちは、他のジャーナリストやバグダッド市内のアダミヤ地区に避難して来る住民から聞きとりを行った。が、それを知れば知るほど、あまりにも信じられない酷さに自分の耳を疑いたくなった。驚くべきことに、ひとつの街を包囲してまで民間人を虐殺する米軍の掃討作戦は、かつて旧日本軍が中国大陸で行った「便衣兵狩り」と同じ戦争犯罪であると思った。

私は幼い頃に、今は亡き祖父から「中国で日本軍がやったこと」を聞かされて育った。祖父は、決して詳しくは話さなかったが、彼が兵士として見聞きしたことを第三者的立場で語った。「へぇー、そんな悪いことしたの？」。子供の私からそう言われたときの、祖父の顔色は覚えていない。しかし、侵略を正当化するような人ではなかった。

　米軍は、現在、占領軍として民間人を殺していると思うと、私は「これは他人事ではない自分の問題でもある」という、いたたまれない気持ちになった。なぜなら日本は、イラクに自衛隊を派兵するなど、アメリカの政策に追随しているからである。占領軍に殺害されたイラク住民の家族は、アメリカ軍を憎むのと同じように自衛隊に対しても同じ憎しみの目を向けるだろう。そんなことは、そのときまで頭では理解しているつもりだった。しかしそれも、お世辞も下心もない偽らざる本心から「イラク人が日本に対して観る目」を直視すると、自分の胸に突き刺さるように目前にいるイラク人の気持ちを感じたのだった。そして、「いつか自分も、イラク人から罵声を浴びせられたり、危害を加えられるときが来る」。そう私は思わざるを得なかった。

　実際その頃から、私がバグダッドの街を歩いていると、すれ違う人から「クッソクト！（クソッタレ）」などの罵声を後ろで囁かれることもあった。決して冗談で言っている訳ではない。あるいは、知り合いになった街頭の物売りの青年も、私や安田さんに「ここは、危険になったから日本に帰ったほうが良い」と忠告する。それでも私たちは、笑って強がりを見せていたが、私だけは内心かなり動揺したものだ。

　私がイラクに入国した直後の頃は、こんなことは考えられなかった。例えば、バグダッド市内の「立ち入り禁止」の廃墟ビルの前で、私が一人で撮影しようとしたときである。警備のイラク民兵が来て、私を追い返そうとした。そこで私がどうにか頼んで、「ここは、劣化ウラン弾で攻撃された可能性が強い。広島、長崎と同じ問題だ！」と言うと、警備の民兵も深く頷いて「他の者（欧米人）が来たら許可しないが、お前は日本人だから許可しよう！」と言って、私を建物の中にまで入れ、案内までしてくれた。そんなイラク人たちがいると思っていたことが、わずか短期間のうちに、こうまで日本人に対する印象が変わってしまうものかと思うと、気持ちもかなり落ち込んだものだ。

私は、そのアダミヤ地区の聞きとりから二日後、安田さんに同行してアブ・グレイブ村まで行くことになる。その後のことは、すでに多くの場所で述べている通りだが、ムジャヒディンの「おもてなし」を受けたのだ。

日本に帰ってから、各メディアはなぜか一斉に「自己責任」と書きたてた。同じ場所で同じように取材していれば、誰でも遭遇するような事故に巻き込まれた。その責任は、確かに自分にある。しかし、無責任にも安全地帯にいる第三者から発言されることではない。もし、それを言うなら会社や組織の「連帯責任」に拘われないで活動している人は、すべて「自己責任」が付与されなければならない。もっともそれは、ある意味で「自由意志」と表裏一体なのだと考えることもできる。

そういう世の中の流れを、斜向かいに眺めているのが私の在りようである。あまり難しく考え込むことが出来ない。もともと、世の中をそんなに客観的に眺めることが出来るほど、器用ではないのだ。だが、「この世の中で起きている出来事は、自分と無関係ではない！」と、充分感じている。だから私は、行動するのだろう。どうせ動くのなら、型枠に捉われないほうが良い。私は、自分を「フリーランス・アクティビスト」だと言っている。人からはそれを、「フリーランス・ジャーナリストを意識しているのか」と尋ねられる。しかし、今の自分にとっては、この肩書きは似合っていると思う。

著者略歴

渡邉修孝（わたなべ　のぶたか）
１９６７年生まれ、栃木県足利市出身。
地元の高校を卒業後、陸上自衛隊第一空挺団に入隊、満期退職後、陸上自衛隊板妻駐屯地へ再入隊後退職。以後、様々な社会運動を経て、０４年から「米兵・自衛官人権ホットライン」の「在イラク自衛隊監視センター」スタッフとして、イラク現地で自衛隊の調査・監視活動にあたる。同年４月１４日、現地の武装勢力に拘束され、解放後帰国。現在、イラク占領の現状を市民にリポートする活動を行う。
　著書に『戦場イラクからのメール』『自衛隊のイラク派兵』（以上、社会批評社）。
　連絡先　東京都新宿区上落合２－２９－１山武落合ビル４０２号「米兵・自衛官人権ホットライン」
　電話 03-3369-3977 FAX 03-3366-4650
　URL http://www.jca.apc.org/gi-heisi/
　Email　gi-heisi@jca.apc.org

戦場が培った非戦

2005年３月５日　第1刷発行

定　価　（本体2000円＋税）
著　者　渡邉修孝
発行人　小西　誠
装　幀　佐藤俊男
発　行　株式会社　社会批評社
　　　　東京都中野区大和町1-12-10小西ビル
　　　　　電話／03-3310-0681
　　　　　FAX ／03-3310-6561
　　　　　振替／00160-0-161276
ＵＲＬ　http://www.alpha-net.ne.jp/users2/shakai/top/shakai.htm
Email　shakai@mail3.alpha-net.ne.jp
印　刷　モリモト印刷株式会社